KB209192

가난한 자의 교황, 세상을 향한 교황

프란치스코 교황 대화록

Des pauvres au pape, du pape au monde

가난한 자의 교황, 세상을 향한 교황

시빌 드 말레, 피에르 뒤리외, 로이크 루이제토 엮음 | 성미경 옮김

심플라이프

"진정한 부는 관계와 사람들에게서 온다."

_프란치스코 교황

가난한 이들이 묻고
교황이 답하다

이 책에는 프란치스코 교황과 전 세계 가난한 사람들이 나눈, 이루어질 성싶지 않은 대화가 실려 있습니다.

교황은 선출된 순간부터 '가난한 자를 위한 가난한 교회'라는 꿈을 공유해왔습니다. 교황명으로 이탈리아 성인의 이름인 프란치스코를 선택한 이유는 "가난한 사람들을 잊지 마세요"라고 조언한 어느 추기경의 말을 잊지 않기 위해서라고 합니다. 교황의 속마음을 알려면, 또 말과 행동의 진정성을 제대로 알려면 가난을 주제로 대담을 나누기보다는 가장 가난한 이들과 교황이 직접 만나 어떤 이야기를 나누는지 들어보는 것이 가장 좋은 방법이 아닐까 합니다.

프란치스코 교황을 알고 그를 사랑하는 사람들은 이 책을 통해 그가 '가난한 자의 교황'이라는 사실을 다시금 확인할 수 있을 것입니다. 교황을 모르거나 그의 생각에 때로 동의하지 못하는 사람들에게는 이 책이 교황과 그의 진심을 알아가는

데 입문용 글이 될 것이고 등불과 같은 역할을 하리라 생각합니다.

이 책의 독창성은 교황에게 질문하는 사람들이 가난한 이들이라는 점에 있습니다. 힘겨운 삶을 살아왔고 숱한 고통과 굴욕을 경험한 그들은 전혀 거침없이 교황과 자유로운 대화를 나누었습니다. 누구도 감히 묻지 못했던 교황의 봉급, 사랑, 단점, 의구심, 근심, 고해 신부, 건강 등에 관해 물었고 그 문답이 이 책에 모두 담겼습니다. 대화 중 참여자들 간에 오해가 생기기도 했는데, 그 오해를 에둘러 표현하거나 어조를 완화하지 않고 그대로 옮겼습니다. 오해야말로 대화의 진정성을 보여주니까요.

우리는 교황이 필요하다고 느낄 때 이를 알려 다음 질문으로 넘어갈 수 있도록 '버저'를 사용하시라고 대화 전에 제안했습니다. 여러 시간에 걸쳐 대화가 이어졌지만, 버저는 한 번도 울리지 않았습니다. 교황이 이 진실한 대화 분위기를 좋아한다는 느낌을 받았어요. 대화 중에 "사람들은 교황과 다투려하지 않지요"라고 말씀하셨거든요. 아마 이런 분위기가 드물었던 모양입니다.

교황은 어떤 질문도 거부하지 않았습니다. 우리가 가끔 자세한 설명을 부탁한 경우를 제외하고는 자신의 답변을 거의 수정하지도 않았습니다. 그래서 더 좋았어요.

교황은 솔직하고 투명한 분으로 알려져 있습니다. 그분의 그런 면을 직접 확인할 기회를 얻은 우리는 아주 운이 좋았다고 할 수 있습니다. 교황은 종종 별다른 설명 없이 "네" "아니요"로 답하기도 했고 때로는 설명을 곁들여 이런저런 내용을 이해하기 쉽게 알려주기도 했습니다. 말하는 도중에 질문이 들어와도 답을 해주었고 주제를 벗어난 얘기를 한다거나 깊이 있는 답변을 요구해도 모두 받아들였습니다. 이 책에는 당시 교황과 나눈 대화 내용이 전부 기록되어 있고, 흔히 보는 이런 종류의 책들과는 달리 진솔하고 영감을 주는 대화로 가득 차 있습니다. 특별한 책인 거죠.

— 교황과의 만남이 성사되기까지

코로나 환자가 급증했던 2020년 봄에 모든 것이 시작되었습니다. 코로나로 여러 도시들이 봉쇄되고 유럽에서도 첫 봉쇄 조치가 단행된 시기였습니다. 노숙자와 청년 노동자들을 위한 공동 거주 시설을 운영하는 라자르 협회의 창립 10주년을 맞이하여 로마에서 교황을 만나기로 돼 있었는데, 코로나19라는 팬데믹이 발생하는 바람에 이 계획을 추진할 수 없는 상황이 되었습니다.

하지만 교황은 만남을 취소하지 않았습니다. 교황이 취소하지 않으니 우리도 취소하지 않았지요! 원래 계획대로라면

200명 정도가 가야 했지만 그럴 수 없는 상황인지라 노숙자 몇 명만 참여하는 걸로 했고 화상 회의를 함께 진행하여 모두가 우리의 대화를 들을 수 있도록 해달라고 요청했습니다.

우리의 요청이 받아들여졌고 말 그대로 이례적인 첫 만남이 이루어졌습니다. 2020년 5월 29일 금요일 낮 12시 40분경에 만남이 끝났어요. 하지만 거기서 멈출 수 없다는 생각이 들었습니다. 배고픔이 밀려오자 크리스티앙이 교황에게 점심을 함께하며 대화를 이어가자고 제안했습니다. 그날 식사는 불가능했지만, 이런 제안을 했다는 것 자체가 교황과의 대화가 얼마나 진정성 있었는지를 여실히 보여준다고 생각합니다. 우리는 교황에게 전 세계 가난한 사람들과의 대화를 추진하자는 의견을 냈습니다. 그 대화 내용을 책으로 내고 싶다는 생각도 말했지요. 교황이 이를 받아들였습니다.

프란치스코 교황이 발표한 새 회칙 「프라텔리 투티^{모든 형제들}」*

의 내용을 보고 고무된 우리는 교황에게 새로운 만남을 요청했습니다. 이 회칙에는 "제스처, 표정, 침묵, 몸짓 언어, 심지어 향수, 떨리는 손, 얼굴 붉힘, 땀 등 모든 것이 말이고 인간의 의사소통에 속합니다. (…) 디지털 접속만으로는 사람들을 연결해주는 다리를 충분히 만들 수 없고 인류 통합을 위해서도 충분하지 않습니다!"(43항)라는 내용이 있거든요.

다음 단계로 전 세계 5대륙에서 활동하는 자선 단체 몇 곳의 도움을 받아 세계 각지의 가난한 사람들한테서 질문을 받았습니다. 몇 주 만에 브라질 빈민가의 아이들, 인도 평원의 여성들, 이란 사막의 젊은이들, 미국 노숙자들, 아시아의 매춘부들, 마다가스카르섬의 가족들 등에게서 1천 개가 넘는

* 　2020년 10월 3일 프란치스코 교황이 발표한 '형제애와 사회적 우애'에 관한 회칙이다. https://www.vatican.va/content/francesco/fr/encyclicals/documents/papa-francesco_20201003_enciclica-fratelli-tutti.html

질문이 도착했습니다. 자기 나라에서 위협을 받고 있어 익명으로 보낸 그리스도교인들도 있었습니다. 이 질문들을 모두 읽고 번역한 후 선별 작업을 거쳐 내용에 따라 분류했습니다. 이어 교황과의 대화에 직접 참여할 가난한 이들, 즉 리카르도, 필리프, 마놀리, 디아나, 헤수스, 샤를로트, 오렐리오, 알랭을 초대했습니다. 초대에 응해준 이들에게 감사의 말을 전합니다. 발언권을 가지지 못한 사람들을 대변하여 이들은 자발적이고도 자유롭게, 그리고 자기 스타일대로 편하게 질문을 했습니다. 이 책에 실린, 여러 나라의 빈민들이 보내온 질문은 힘겨운 삶을 살아가는 우리의 친구들이 보낸 것입니다. 그들은 의견을 추가하거나 새로운 문제를 제기하기도 했고 때로는 반박을 하기도 했습니다. 코로나로 인한 봉쇄 조치가 오히려 이런 좋은 만남을 이루어줬습니다!

― 우리는 빈민, 노숙자, 걸인입니다

교황은 빈민인 우리와 몇 시간 동안 대화를 나누었고 이 대화는 비서나 전화 등으로 방해받는 일이 전혀 없었습니다. 교황의 시선과 말에 우리는 이 세상의 유일한 존재라고 느꼈습니다. 지구 차원의 일들을 처리해야 하는 교황이 할아버지가 손주들에게 이야기하듯이 우리 앞에 앉아 대화 시간을 가진 거지요. 이 만남에서 얻은 첫 번째 교훈은 '당신은 시간이 없어도 교황은 시간이 있다'였습니다.

우리는 자주 언론에서 바티칸시국 행정처에 대해 부정적으로 보도하는 것을 봅니다. 그리고 프란치스코 교황이 아직 이 문제를 해결하지 못한 것도 사실입니다. 하지만 교황이 거주하는 성녀 마르타의 집에서 우리를 반겨 맞이한 사람들은 우리를 아주 세심하게 챙겨주었습니다. 마치 우리를 기다린 듯, 빈자 중의 빈자인 우리가 마치 중요한 사람들이기라도 한

듯 와이파이, 전선 연장 코드, 물, 식사, 방, 커피 등 필요한 것들을 잘 준비해주어 모든 게 수월했어요! 비서 중 한 명이 우리보고 말을 짧게 해달라고 부탁했습니다. "여러분의 교황이십니다. 교황님은 간단한 것을 좋아하세요! 짧게 해주세요!" 이 말을 듣고 두 번째 교훈을 얻었는데, 바로 말과 행동이 일치하면 말에 신뢰가 간다는 점이었지요. 교황이 우리를 이렇게 환영해주리라고는 상상조차 못 했습니다. 교황은 세상 사람들에게 모든 형제를 따뜻하게 맞이하라고 말합니다.

이 책의 제목^{원제}이 '가난한 자의 교황, 세상을 향한 교황'인 이유가 바로 여기 있습니다. 우리를 믿어주고 대화의 기회를 주신 교황님께 다시 한번 감사드립니다!

교황은 빈민인 우리에게 고맙다고 말했습니다. 교황이 우리를 도와 질문을 모아준 단체들에 이 책의 저작권을 양도한 것은 그 말이 진심이었음을 보여줍니다.

우리는 수많은 질문을 머릿속에 떠올리며 교황을 만났고 교황은 마음을 다해 답을 해주었습니다. 그날 나눈 대화를 읽을 때마다, 우리 중 몇은 엠마오 마을로 가는 길에서 길을 잃은 순례자들이 "우리에게 말씀하시고 우리에게 성경을 풀어주실 때에 우리 속에서 마음이 뜨겁지 아니하더냐"(루카 복음서 24장 32절)라고 했다는 성경 구절을 떠올리곤 합니다.

여러분은 이제 프란치스코 교황과 전 세계 가난한 이들 간의 생생한 대화를 만날 것입니다. 대화에 참여한 소수의 빈자보다 훨씬 더 많은 이들도 함께할 것입니다.

시빌 드 말레, 크리스티앙 들루슈,

피에르 뒤리외, 로이크 루이제토

프롤로그

15

차례

프롤로그
가난한 이들이 묻고
교황이 답하다

06

1장
"교황은 평범한
사람입니다"

19

2장
"가난한 이들을
잊지 마세요"

35

3장
"부는 그들의 것이
아니에요"

55

4장
하늘을 향해
외치는 불의

75

5장
"희망은
선물이에요"

101

6장
평화의 씨앗을
뿌리는 사람들

137

7장
"우연히 태어나는
사람은 없어요"

153

에필로그
문을
열어놓으세요

164

1장

"교황은 평범한 사람입니다"

───── 아침에 일어나면 가장 먼저 뭘 하시나요? (폴란드의 바르토시)

눈을 뜨면 30분 동안은 완전히 좀비 상태예요! 이어 기도를 합니다. 기도 후 바로 미사를 하고요. 좀 더 늦게 미사를 하는 날도 있어요. 미사는 보통 오전 4시 45분에 시작합니다. 가끔 성 베드로 대성당에서 미사가 열리는데 거기서 하게 되면 미사가 더 늦게 시작하지요.

───── 하루를 어떻게 보내시나요? (브라질의 켈리 카롤리니)

음, 우선 단 하루도 '평범'하지 않다고 얘기해야 할 것 같군요. 늘 놀랄 만한 일이 생깁니다. 하지만 보통 일과는 이렇죠. 일어나서 기도하고 이런저런 일을 하다가 아침 9시 30분이 되면 성녀 마르타의 집*에서 나옵니다. 사무실이 있는 바티칸 사도 궁전으로 가서 알현을 시작하죠.

오후 1시에 돌아와서 점심을 먹고 조금 쉽니다. 오후에는 주로 서류에 서명을 하고 다시 알현을 주례하고 기도를 조금 하지요. 그러다 저녁이 되어 식사를 하고요. 바티칸 사도 궁전에 있으면 일이 연달아 있습니다. 하지만 모든 일이 평화롭게 이루어지지요. 어떤 일들은 재미있기도 하고요. 사람들과 친밀함을 느끼고 그들의 삶을 공유할 수 있어 즐겁습니다.

외출을 해야 하는 날도 있습니다. 예를 들자면 어제는 '학교에 다니는 아이들'을 만나러 가야 했지요. 다른 날에는 소교구나 대교구에 가기도 합니다. 사실 매우 다양한 곳을 가지요. 지루하지 않아요. 지루할 틈이 없어요!

───── **가장 좋아하시는 책이나 시는 무엇인가요?** (벨기에의 위뱅)

시라……. 우울해질 때가 있는 게 사실입니다. 마음이 울적하면 내 마음을 비춰주는 프랑스 시를 되뇌지요. 베를렌의 시를 아주 좋아해요. "바이올린의 긴 흐느낌 / 단조로운 우수로

---

*   프란치스코 교황이 바티칸 시티 안에 있으면서도 교황 전용 아파트에서 멀리 떨어진 성녀 마르타의 집을 거처로 정한 것은 바티칸 관행을 깨는 행위 중 하나였다. 이런 교황의 행위는 교회 안팎에 큰 반향을 일으켰다.

내 마음 쓰라려……."

책이요? 글쎄요. 좋아하는 책이 많아요. 고전을 좋아합니다. 그중에서도 가장 좋아하는 책은 단연코 로마 시인 베르길리우스의 『아이네이스』이지요. 근대 작가들 책도 많이 읽었지만 고전을 통해 더 많이 성장했습니다. 아주 좋아하는 시인이 또 있어요. 프랑스 시인인 보들레르와 그의 시 「악의 꽃」도 무척 좋아하지요. 이 외에도 좋아하는 책들이 많습니다.

──── **얼마나 벌어요? 월급을 얼마 받으시나요?** (인도의 찬
        드니)

전혀 버는 게 없답니다. 월급이 없지요! 먹을 것은 여기서 줍니다. 필요한 게 있으면 요청을 하고요. 그 요청은 언제나 받아들여지지요. 누구도 교황과 다투려 하지 않습니다! 신발이 필요하면 사달라고 하지요. 이런 식으로 '보호'받습니다. 멋진 일이에요. 주머니가 비어 있어도 되니까 말이죠. 하지만 나처럼 보호받지 못하는 사람들은 주머니에 뭘 가지고 있어야 해요. 자신의 존엄성을 지키기 위한 조건이랄 수 있지요.

나의 가난은 허구입니다. 부족한 게 전혀 없으니까요. 그런데 필요한 것을 요청해야 한다는 게 받아들이기 좀 어렵습

니다. 구걸은 아닐지라도 "이런 약과 이런 것들이 필요해요"라고 말해야 하니까 말이지요. 자립심이 줄어들어요.

—— **주로 뭘 드시나요?** (프랑스의 크리스티앙)

3년 전까지만 해도 다 잘 먹었어요. 지금은 불행히도 게실염을 앓고 있고 결장에 심각한 합병증이 생겼습니다. 그래서 죽, 삶은 감자, 생선구이, 닭고기를 먹어요. 단순하고 간단하고 소박한 것들이지요.

—— **형제자매는 몇 명인가요?** (인도의 샬리니)

다섯 명입니다. 세 명은 남자 형제, 두 명은 여자예요. 형제 중 중간에 있는 두 남동생과 여동생 한 명은 세상을 떠났습니다. 맏이인 나와 막내 여동생이 아직 살아 있지요. 여동생은 1948년에 태어나 73세이고 나는 1936년생이니까 85세, 거의 85세가 되어가죠.

—— **조카들이 있나요?** (프랑스의 로이크)

열여섯 명쯤 됩니다. 남동생들이 아이를 아주 많이 낳았거든요! 둘째 남동생은 결혼을 두 차례 했는데, 첫 결혼에서 아이를 네 명 낳았어요. 그리고 재혼해서 네 명을 더 낳았지요. 그 남동생 아이가 총 여덟 명입니다.

—— 그들 소식을 들으시나요? 대화도 하시고요? (스페인
    의 마놀리)

네네! 여동생과 전화 통화를 하지요. 내가 교황이 된 것을 본 유일한 혈육입니다.

—— 어떤 순간을 가장 좋아하시나요? 가장 즐거우신 때
    인가요? 휴식을 취할 때, 아니면 열정적으로 살아갈
    때인지요? (프랑스의 세르주)

나를 부드럽게 만들어줄 뿐만 아니라 화를 누그러뜨리고 마음을 진정시키는 음악을 듣는 순간입니다. 더 정확히는 바그너 음악을 들을 때이지요.

—— 축구 경기는 안 보시나요? (로이크)

보지 않아요. 전에는 경기장에 가는 걸 좋아했지요. 라디오나 TV를 통해 경기를 듣고 보는 건 좋아하지 않아요.

───── 죄송해요, 교황님. 무례한 질문을 좀 드릴게요. 약
혼자가 있었나요? (칠레의 아르마노)

네, 있었어요! 신학교에 입학하기 전이었지요. 젊었을 때였
으니까 우리는 다른 젊은이들과 어울려 주말마다 춤을 추러
갔어요.

───── 어떤 자동차를 가장 좋아하시나요? (칠레의 아구스
틴)

차에 대해서는 잘 몰라요. 다만 유틸리티 차량을 좋아합니
다. 내가 사용하는 차이지요.

───── 아직도 운전하시나요? (로이크)

이제는 안 합니다. 사고가 났었거든요……. 신의 은총으로
다치지는 않았습니다. 사제 서품을 받으러 부에노스아이레
스에서 250킬로미터 떨어진 도시까지 차로 다섯 시간 운전
해서 간 적이 있어요. 서품식이 끝나고 '여기서 먹으면 안 돼.
먹으면 졸릴 거야'라고 생각해 식사를 하지 않은 채 출발했습
니다. 운전하는 동안 비가 내리기 시작했고 갑자기 차가 미끄
러졌어요. 쉰 살 때 일어난 일이에요. 그때 '자동차 납세필증

이 만료되면 갱신하지 말아야겠다' 하고 다짐했습니다. 이 사고를 운전하지 말라는 신호로 받아들였지요.

——— **차를 선물로 받으면 어떻게 하세요? (크리스티앙)**

사실 이미 여러 대를 선물로 받았습니다. 그중 몇 대는 공식적인 방문을 위한 거였어요. 그런데 그 차들을 팔았습니다. 받은 선물들을 많이 팝니다. 선물을 받으면 잠시 그대로 두었다가 파는 거지요. 그리고 그 돈을 가난과 소외 퇴치 활동을 지원하는 교황청의 자선 봉사 부서로 보냅니다.

——— **사람들의 어떤 점을 가장 높이 평가하시나요? (브라질의 제시카)**

단순함과 투명성입니다. 있는 그대로를 보여주고 단순하게 살아가는 모습이지요. 나도 그렇게 살고 싶어요. 때로는 외교적인 태도로 너무 많은 것을 해야 합니다. 단순하게 살 수 없을 때가 있다는 말이지요. 단순함에 끌려요. 단순하고 투명하게 살아가는 사람들을 보면 기분이 좋습니다.

——— **교황으로서 사람들과 관계 맺기가 쉬운가요? 어렵**

지 않으신지요? (로이크)

성녀 마르타의 집에서 사는 것이 도움이 됩니다. 교황으로 선출되고 이틀 후에 교황 전용 아파트를 보러 갔는데 너무 넓더군요. 화려하지는 않아도 아름다운 아파트였어요. 하지만 나는 "여기서 사람들 없이 혼자 살 수 없어요"라고 말했습니다. 깔때기처럼 생긴 그 아파트는 내부 공간은 넓은데 입구가 한두 사람 겨우 들어갈 정도로 아주 좁았어요. 그래서 이 집에 머물기로 했지요. 이곳은 사람들이 있어서 관계를 맺는 데 도움이 많이 됩니다.

─── **교황님의 모습 그대로가 단순한 삶의 본보기예요.** (로이크)

아무것도 믿지 마세요. 절대 믿지 말아요! 숨겨진 죄가 가장 나쁜 것입니다.

─── **제일 좋아하시는 운동은 뭔가요?** (필리핀의 존 카를로)

축구요! 하지만 직접 하지는 않습니다. 어렸을 때 축구를 잘하지 못해서 항상 골대 앞에 있었어요. 제대로 뛰질 못하니까 나보고 거기 서 있으라고 했지요.

그런 순간이 오면 빨리 벗어나고 싶은 유혹을 받습니다. 나
역시 확신이 없는 상태에 놓이기도 하고 그 상태에서 벗어나
고 싶은 마음이 일기도 하지요. 그러면 나는 잠시 멈춥니다.
그게 잘 안 되면 멈추려는 노력이라도 해요. 벗어나려고 하면
잘 안 됩니다. 그래서 멈춘 상태로 시간을 가지려고 해요. 그
상황에 대해 생각해보고 사람들에게 조언을 구하고 기도합
니다. 그렇게 며칠을 보내면서 시간이 흐르도록 둬요. 오늘
서류를 읽었다면 나중에 그 서류를 다시 들여다보는 식으로
요. 천천히, 암탉이 알을 품을 때처럼 말입니다. 암탉은 매일
알을 위아래로 굴려가며 부화가 잘 되도록 하지요.

어떤 결정을 내릴 때 확신이 서지 않는다면 우선 그 문제를
이리저리 살펴보아야 합니다.

───── 롤 모델은 누구인가요? 그 사람은 어떤 장점이 있나
요? (인도의 빈자)

글쎄요. 롤 모델이 많습니다. 생각, 느낌, 행동에 일관성이 있
는 사람들을 롤 모델로 삼아요. 자신이 말한 것을 실천하는

사람들이지요. 나는 '외교'라는 것이 아주 어렵습니다. 이 단어는 '이중적인 것'을 의미하는 그리스어 'diplo'에서 왔어요. 외교적이라는 것은 어떻게 보면 이중적인 마음을 가지는 거예요. 나는 여기서 고귀한 외교관이라는 직업에 대해 말하는 것이 아니에요. 이중적으로 행동하는 사람에 대해 말하는 것입니다.

─── **교황님의 단점은 뭔가요?** (프랑스의 마리)

화를 쉽게 냅니다. 뭐라고 할까요? 참을성이 없다고 할까요……. 가끔 너무 빨리 반응을 해요. 종종 다른 사람들보다 우월하다고 생각해서 인내심을 가지고 기다리질 못한 적이 있습니다. 모두 자만심과 연결된 결점들이지요. 자만심은 매우 씁쓸하고 추악한 뿌리라서 항상 조심해야 합니다.

─── **자만심과 싸우기 위해 어떻게 하시나요?** (프랑스의 피에르)

자제, 금욕, 기도 그리고 내면 성찰을 조금씩 하지요. 때에 따라 다른 사람들과 상의도 하고 조언도 구해야 하는데 그러지 않고 자만심으로 성급하게 결정을 내리니까요.

───── **교회의 수장이시잖아요. 자만심을 멀리하기가 어려**

　　　울 것 같아요. (로이크)

교황은 불쌍한 사람이랍니다……. 교황은 다른 모든 사람처럼 문제를 지닌 평범한 사람이에요. 그래서 주교관*을 내려놓고 "주님, 주님 앞에서 저는 평범한 사람일 뿐입니다"라고 말하죠. 그런 다음에 주교관을 다시 쓰고 해야 할 말을 하는 겁니다.

───── **누구에게 고해성사를 보시나요?** (브라질의 알리시아)

마누엘 신부에게 고해성사를 봅니다. 프란치스코회 신부인데 오늘도 전화가 왔지요. 마누엘 신부는 격주로 내게 전화를 걸어 "15일이 지났어요"라고 합니다. 그리고 내게 와서 고해성사를 들어요. 이름은 마누엘 블랑코이고 스페인 사람이죠. 로마에 있는 한 프란치스코회 공동체 상급자예요. 모든 프란치스코회 수도자들처럼 그는 비교적 '좋은 사람'입니다. 용서해주시길!(웃음)

＊　　　교황, 추기경, 대수도원장, 주교가 의식 때 착용하는 모자.―옮긴이

—— 그가 교황님을 가장 잘 아는 사람인가요? (피에르)

글쎄요. 그럴지도 모르지요……

—— 고해성사 때 우시나요? (크리스티앙)

아뇨. 사실…… 살아오면서 가끔 눈물 흘리는 은혜를 받았지요. 고백하자면 이젠 눈물이 말라버렸습니다. 이건 잘못된 거예요. 눈물은 진정한 선물이거든요. 그 선물을 요청해야 해요. 나도 요청하고 있는데 주님이 주지 않고 있어요. 아마도 그럴 자격이 없나 봅니다. 기도하고 눈물 흘리는 것은 은총이에요.

내 책상 위에 베드로가 예수를 배신하고 우는 〈베드로의 눈물〉 그림이 있어요. 이 그림이 그 은총을 떠올리게 합니다. "모세가 바위를 쳤을 때 돌에서 물이 흐르도록 하신 주님, 무정한 제 마음에서 눈물이 흐르도록 하소서"라는 아주 아름다운 기도가 있어요. 미사 중에 눈물 흘리는 선물을 요청하는 아름다운 예배 기도이지요.

—— 교황님께 감동을 준, 평생 기억에 남을 만한 말을 해준 사람이 있는지요? (모리셔스의 엠마)

네. 그런 기억이 많습니다. 여러 순간이 떠오르는군요. 가장 인간적인 순간, 특히 너그러웠던 순간이 생각나네요. 볼 때마다 큰 감동을 받았던 모습입니다. 감옥에 들어간 아들, 남편을 만나려고 감옥 앞에 늘어서 있던 여인들의 모습이었어요. 버스를 타고 감옥 앞을 지날 때마다 그들이 보였지요. 여인의 변함없는 사랑을 느꼈고 그 사랑에 감동을 받았습니다. 수치심을 무릅쓰고 문 앞에 서 있던 여인들. 자기들이 죄수의 어머니나 부인이라는 사실을 모두가 알게 될 텐데도 신경쓰지 않았어요. 그게 변함없는 사랑인 거지요. 그 모습에 내 내면의 영혼이 감동했고 내게 많은 도움이 되었습니다. 아주 많이요.

———— **교황님의 꿈은 무엇인가요?** (인도의 루스)

나는 몽상가예요. 정말입니다! 꿈을 꾸는 자신을 발견하는 날이 있지요. '얼마나 아름다울까! 얼마나 좋을까!' 하고 말입니다. 몽상에 빠지는 것이 도움이 된다고 생각해요. 다만 꿈을 꾸되 현실이라는 땅바닥에 두 발을 굳건히 딛고 있어야 합니다. 마음은 꿈을 꾸고 발은 땅 위에 두고.

—— 밤에 꿈을 꾸시나요? (크리스티앙)

가끔 꿉니다. 늘 꾸지는 않아요.

—— 꿈이 현실이 된 적이 있나요?

아니요, 없어요. 과거의 일들, 오래된 이야기들이 꿈에 나옵니다. 가족, 그리고 친구들과 있었던 일들이죠.

2장

"가난한 이들을 잊지 마세요"

나는 2013년 3월 13일 저녁에 교황으로 선출되었습니다. 그
날 정오까지만 해도 교황이 될 거라고는 전혀 생각하지 못했
어요. 그런데 점심시간에 여러 놀라운 일들이 일어났고 추기
경들이 나를 교황으로 선출하려 한다는 느낌을 받았습니다.

1차 투표에서 나를 지지하는 표들이 나왔고 이후 치른 투
표에서 지지표가 늘어났어요. 점차 선출이 확실해졌고 결국
다수가 나를 선택했어요. 나는 아무것도 모르고 있었지요.
마지막 두 번의 투표가 진행되었을 때, 마지막 직전 투표에서
선출이 거의 확실해졌습니다. 하지만 지지표가 약간 모자랐
어요. 마지막 투표에서 '통과'되었고요. 그때 나는 아주 평온
한 상태로 묵주를 돌리며 신에게 빛을 달라고 기도했습니다.
선출된 순간, 옆에 있던 브라질 출신의 프란치스코회 우메스

추기경이 나를 안으며 "가난한 이들을 잊지 마세요"라고 말했습니다. 그 말을 듣고 속으로 '가난한 이들, 가난한 이들……'을 되뇌었어요. 그때 아시시의 성 프란치스코*의 이름이 떠올랐지요.

───── **예수가 저를 택한다면 부활의 증인으로 삼으려는 것일 거예요. 예수는 왜 교황님을 선택했을까요?**
(미국의 리타)

모르겠습니다……. 그건 예수를 태우고 예루살렘으로 가는 나귀에게 "예수가 왜 너를 택해 등에 올라탔어?"라고 묻는 것과 같아요. 신기한 일들이 일어난 거지요. 나는 선거운동도 하지 않았고 누구에게 돈을 주지도 않았어요. 훌륭한 대학 졸업장도 없고 나이도 들었지요. 한마디로 진짜 나귀인 거죠!

───── **교황이 되라는 예수의 부르심을 받았을 때, 가장 먼저 무엇이 떠올랐나요? (아르헨티나의 펠리페)**

아무것도 떠오르지 않았어요. 그런 순간에는 아무 생각이 나

───

*   로마 가톨릭교회 수사이자 프란치스코회의 창설자.─옮긴이

지 않습니다⋯⋯.

—— 왜요? 두려우셨어요, 아니면 담담하셨어요? (프랑스
　　의 시빌)

담담했어요. 전혀 두렵지 않았고 평온했어요.

—— 감동하셨나요? (시빌)

속으로는요.

—— 동료인 추기경들은요? 그들은 그 순간에 어떤 행동
　　을 했나요? (피에르)

걱정 하나를 덜었으니 박수를 치더군요!

—— 선출된 직후 성 베드로 광장 연설은 어떻게 준비하
　　셨어요? (피에르)

즉흥적으로 했습니다. 그런 상황에서는 생각할 겨를이 없어
요. 선서하라고 하고, 이름을 말하라고 하고, 하얀 수단을 입
고 추기경들에게 인사하러 가고 파올리나 예배당*에서 잠깐
기도를 올린 다음 대중 앞에 서야 했습니다. 생각할 시간이

없었지요. 설교할 때 마음이 말하도록 놔두면 늘 많은 도움이 됩니다.

────── **교황으로 선출되었다는 것을 알고 나서 누구에게 가장 먼저 연락하셨나요?** (프랑스의 클로틸드)

제일 먼저 전임 교황인 베네딕토 16세에게 연락했습니다. 그러고는 바티칸 아르헨티나 대사에게 전화를 걸어 사람들에게 알리라고 했고 주교들에게도 연락해 나를 보러 오지 말고 그 여행 경비를 가난한 사람을 위해 기부하라고 했지요. 이게 처음 한 통화들이었습니다.

────── **주교들은 교황님 말을 따랐나요?** (로이크)

음……. 몇 명은 따랐어요. 교황이 가난한 사람들보다 더 중요하다고 믿는 세 사람은 기어코 로마로 왔습니다. 이 세 사람은 생각을 바꿔야 해요!

---

*   시스티나 예배당과 가까운 파올리나 예배당은 관광객이 출입할 수 없는 곳으로, 교황이 선출된 직후 성 베드로 성당 발코니에 나와 교황으로서 첫 축복을 내리기 전에 개인적인 기도를 할 수 있도록 마련된 공간이다.

—— **가족은요?** (로이크)

내게 남아 있는 누이동생에게 연락했습니다. 누이동생은 오지 않았어요. 조카들과 사촌 누이들과도 통화를 했는데, 그중 조카 세 명과 사촌 한 사람이 왔지요.

—— **그들은 뭐라고 하던가요?** (로이크)

기뻐했습니다. 이해가 가지요. 지금껏 교황은 유럽에서 나왔거든요. 그런데 아주 먼 곳에서 교황이 나왔으니…….

선거가 끝난 후, 이곳 성녀 마르타의 집에서 저녁 식사를 했고 건배를 요청받았어요. 잔을 들고 추기경들에게 말했습니다. "하느님이 여러분을 용서하시기를 바랍니다." 농담이었죠.

—— **왜 흰색 옷을 입으시지요? 교황님에게 흰옷은 무엇을 의미하나요?** (프랑스의 마리 오딜)

도미니코 수도회 출신인 교황 비오 5세가 수도회의 하얀 옷을 그대로 입기로 했지요. 그전에는 어떤 색깔이든 입을 수 있었어요. 이때부터 하얀 옷을 입는 전통이 생겼습니다. 하지만 나는 빨간 신발이나 하얀 바지는 착용하지 않아요. 교황으로 선출되고 이틀이 지났을 때 누군가 "교황님, 흰색 바지를 입으셔야 합니다"라고 하길래 "난 아이스크림 장수가 아니에요!"라고 답했지요.

—— **흰색은 그리스도의 고통을 상징하나요? (크리스티앙)**

꼭 그렇지는 않아요. 흰색을 입는 이유는 방금 말했듯이 역사적 전통인 거지요. 그 이상도 이하도 아니에요.

—— **교황님 본인을 숭배하면 안 된다는 것을 사람들에게 어떻게 설명하시나요? 교황님을 신처럼 숭배하는 사람들이 있어요! (필리핀의 메리 조이)**

사람들이 나를 칭송하면 칭송하는 내용이 사실과 다르다는 것을 알기 때문에 불편합니다. 나는 사람들과 친밀하게 지내는 게 좋아요. 나를 신으로 대하거나 숭배하면 안 됩니다. 친밀함……. 이 말에 관해 여담을 좀 할게요. 나는 가끔 신의 스타일이 궁금했어요. 성경을 읽으면 신이 어떤 스타일인지 알수 있었지요. 친밀함과 동정심이 있고 온화한 분. 신은 바로그런 분입니다.

───── 교황님은요? (크리스티앙)

그렇게 되려고 노력하지요. 하지만 쉽지 않아요!

───── 교회를 통치하는 건 아주 어려운 일인가요? (브라질
　　　 의 다니엘)

음, 거기에는 일종의 엄청난 은총이 있지요. 나는 성령의 존
재를 믿고 하느님의 거룩한 백성, 즉 세례를 받은 사람들 안
에는 성령이 존재한다고 믿습니다. 모두 예수가 선택한 하
느님의 자녀이고 성령의 도유塗油*를 받았어요. 나는 하느님
의 거룩한 백성을 믿어요. 주교도 추기경도 이 백성에 속합니
다. 단순히 세례만 받았어도 우리 모두는 하느님의 거룩한 백
성이지요.

　교회가 가지고 있는 것이 또 있습니다. 위안이지요. 교회에
서 하느님의 모든 거룩한 백성은 믿음에서 오류를 범할 수 없
다고 말해요. 세례 후 도유는 양들이 냄새를 잘 맡게 해서 좋
은 풀을 찾을 수 있도록 하기 위한 거예요. 목자는 항상 같은

---

*　　　 예식에서 하느님에게 봉헌된 거룩한 것으로 만들기 위해 성유(대개 올리브
　　　 기름)를 바르는 일.─옮긴이

장소에 머물러서는 안 된다고 생각합니다. 양 떼 앞에서 길을 안내하기도 하고 때로는 양 떼 한가운데에서 양들의 움직임을 느껴야 해요. 또 때로는 양 떼 뒤에서 뒤처진 양을 돌보며 양들이 스스로 나아가게 두어야 합니다. 그래야 양들이 믿음의 향기로 좋은 풀을 어떻게 찾아가는지를 잘 볼 수 있지요.

——— **하느님은 믿지만 교회는 믿지 않는다고 말하는 사람들에게 뭐라고 하시나요? (로이크)**

아주 흔한 일이지요. 슬프게도 특정 사제들과 특정 주교들 때문에 일어나는 일입니다. 때로는 교황이 자신의 신앙생활을 잘못 증거해서 사람들을 교회에서 멀어지게 만들지요. 이렇게 되면 동정심도 사라지고 친밀함도 없어져요. 우리는 모두 죄인이에요. 친밀함, 동정심, 부드러움 결여는 죄인의 잘못으로 생겨납니다.

몇 달 전에 한 신부에게 일어난 일을 얘기하겠습니다. 그 신부는 한 여성의 장례식을 치렀어요. 그 여성의 아들은 훌륭한 기업가였고 돈이 많았지요.

장례식이 끝나고 아들이 신부에게 다가가 물었습니다. "얼마를 내면 되겠습니까?" 신부는 답을 하지 않았어요. 아들이 다시 물었어요. 신부는 여전히 답을 하지 않았어요. 그러자 아들이 지갑을 열어 큰 지폐를 꺼내 들고는 말했습니다. "아, 무슨 말을 해야 할지 알겠습니다. 이 돈을 가난한 사람들을 위해 써주세요." 그제야 신부가 침묵을 깨고 말했어요. "정말 감사합니다만, 부탁 하나 들어주세요. 내가 오늘 아주 바빠요. 가난한 사람을 찾아 직접 돈을 주면 좋겠네요." 사업가는 깜짝 놀라서 "당황스럽군요! 다시 뵈러 오겠습니다"라고 했습니다.

그 아들은 아마도 일부 성직자들로 인해 좋지 않은 경험을 했던 듯해요. 그 후 신을 믿지 않게 된 거지요. 그는 신부가 한 믿음의 증언을 듣고 크게 놀란 거예요. 믿음의 증언은 기독교인을 위한 열쇠입니다. 증언 없이 하느님의 사랑은 불가능해요. 여러분도 여기서 증언을 하고 있는 거예요. 교황이 무슨 생각을 하고 가난한 사람들과 어떻게 대화하는지를 알려고 하는 '열성'을 보여주고 있는 것입니다. 이런 노력에 감사해요. 나에 대한 증언이니까요. 배짱이 있어요! 좋은 일이에요.

——— **교회의 미래는 어떨까요?** (프랑스의 미셸)

교회는 전통과 과거를 바탕으로 현재를 살아내야 합니다. 현재를 사는 것은 성장하는 것이고 그리스도교 전통을 발전시키는 것입니다. 어떤 사람들은 전통을 박물관에 있는 것으로 여기지요. 전통은 미래를 보장하기 위한 것이지, 오래된 것들을 보존하기 위한 것이 아닙니다. 전통 없이는 교회의 미래도 없어요. 수액은 뿌리에서 나오니까요. "전통은 죽은 자들의 살아 있는 믿음이고 전통주의는 살아 있는 어떤 자들의 죽은 믿음이다"*라고 말한 사람이 있지요.

교회의 진리는 역사와 함께 변하는 것이 아니라 역사와 함께 성숙합니다. 예를 들자면, 오늘날에는 사형 제도에 대해 윤리적 문제를 제기하지만, 2세기 전만 해도 사람의 목이 쉽게 잘려 나갔어요. 심지어 사형이 신의 영광을 위한 것이라고 믿기까지 했지요! 지금은 핵무기 보유가 윤리에 어긋난다고 말하지만 핵무기의 파괴력을 제대로 이해하지 못했던 50년 전만 해도 그렇게 생각하지 않았습니다. 이런 걸 보면 우리가 계속 성장하고 있다는 것을 알 수 있어요.

*   그리스도교 역사학자 야로슬라프 펠리칸이 저서 『그리스도교 전통』(Paris, PUF, 1994)에서 한 말.

5세기에 프랑스 남부의 한 수도사는 교회의 전통을 두고 "교회의 전통은 해가 갈수록 성숙하고 시간이 흐를수록 성장하고 나이가 들수록 숭고해집니다"*라고 했습니다.

  다만 교회는 항상 같은 진리에 기반하고 있습니다. 이런 방향으로 나아가는 것이 우리의 소임이지요. 교회의 미래는 전통의 성장에 있습니다.

——— **교회의 미래를 위해 평신도가 할 역할이 있나요? (로이크)**

네, 있지요.

——— **20년 후 또는 50년 후의 교회는 어떤 모습일까요? (피에르)**

모르겠습니다. 그때의 교회 모습을 상상하는 것이 나의 할 일이 아니라고 말하는 게 아니에요. 지금과 비슷하면서도 다를 거라는 의미예요. 본질은 비슷하겠지만, 이미 말했듯이, 전통은 새로운 방식으로 새로운 발전을 하게 될 테니까요. 그러나

---

* 뱅상 드 레랭(?~450)의 『코모니토리움 프리뭄』 23장 9절

"가난한 이들을 잊지 마세요"

교회는 본질에서는 같을 겁니다. 전통주의의 죄악은 교회가 성장하는 것을 막으려는 것이지요. 진보주의의 죄악은 전통 없이, 뿌리 없이 성장하기를 원하는 것이고요.

——— **교황으로서 스트레스를 받을 때는 휴식을 좀 취하시나요?** (호주의 피터)

목회자로서 나의 휴식은 휴식 자체보다는 다른 곳에서 온다고 할 수 있습니다. 일 자체 안에서 크나큰 휴식을 느끼지요. 물론 고민할 문제가 있을 때는 피곤함을 느낍니다. 하지만 목회 대화, 미사, 성례는 휴식과도 같아요. 기도도 마찬가지예요. 가끔 기도하면서 잠이 든답니다! 감실 앞에서 졸기도 하고요. 주님이 이해해주시길…….

——— **왜 교황님을 사랑하지 않는 사람들을 계속해서 사랑하시나요? 어떻게 그러실 수 있나요?** (브라질의 티모데)

누가 나를 사랑하지 않는 사람을 사랑한다고 말하셨나요? 화내지 않으려고 노력하는 것이 어려움 중 하나이고, 그건 내게도 몹시 괴로운 일이에요. 그럴 때는 기도를 해야 해요. 그리고 '그가 내게 한 짓만큼 나도 똑같이 갚아줄 거야'라는 생각에서 벗어나야 합니다. 하지만 정말이지 힘든 일이에요.

———— **사제가 되라는 소명을 언제 느끼셨나요?** (프랑스의 프랑수아즈)

그날을 결코 잊을 수가 없어요. 1953년 9월 21일이었지요. 아르헨티나에서 9월 21일은 학생의 날이라 친구들과 놀러 가기로 했습니다. 산호세 데 플로레스 성당 앞을 지나다가 들어가게 되었어요. 가톨릭 신자였거든요. 당시에는 의사가 되려고 화학을 전공하고 있었습니다. 성당 안에 들어갔더니 모르는 신부가 있었어요. 그 신부가 고해실로 들어가더군요. 갑자기 고해성사하고 싶은 충동을 느꼈어요. 그 후에는 무슨 일이 일어났는지, 고해성사를 얼마간 했는지 기억이 나질 않아요. 고해성사가 끝난 후 일어나서 집으로 돌아갔어요. 점차 하느님이 나를 부르고 있다는 걸 깨닫게 되었습니다. 이후에는 평소처럼 생활했어요. 학교에 가고 친구들과 놀고 아침에는 화학 실험실 연구원으로 일하러 갔지요. 그러다가 3년 후인 1956년에 신학교에 입학했습니다. 스무 살 때였어요.

그 모르는 신부에 관해 말하고 싶군요. 코리엔테스주 출신인 그는 원래 연극배우였어요. 백혈병을 치료하기 위해 부에노스아이레스에 와 있었지요. 그 신부는 우리가 만난 지 10개월 후에 세상을 떠났어요. 나를 인도해준 사람도, 나를 도와준 사람도 그였습니다. 죽기 전까지 계속 만났어요. 장례식이 끝난 후 집에 돌아와 울고 또 울었어요. 불안감에 휩싸였고 버림받은 기분이었지요. 그때 흘린 눈물을 평생 잊지 못할 거예요. 그 후 모든 게 천천히 진행되었어요. 사제가 되어야겠다는 확신은 1953년 9월 21일에 생겼지요. 주님의 선물이라는 확신이었어요.

——— **교황님의 모토인 "불쌍히 여기사 선택하시니"와 관련이 있나요? (피에르)**

맞아요! 9월 21일이 성 마태오 사도 복음사가 축일이거든요. 복음서에는 마태오의 개종을 다룬 베다 베네라빌리스의 발췌문이 있는데, 예수가 그를 불쌍히 여겨 선택했다고 나옵니다. 즉 자비로움과 자비의 시선으로 그를 선택했다는 거지요. 내가 느끼는 감정도 바로 그것입니다. 주님의 자비로움이 늘 나와 함께한다는 느낌을 받아요.

—— 그 선택의 시기에 주님의 길을 떠나 세상으로 돌아가고 싶은 적도 있었나요? (칠레의 파트리시아)

네, 있었습니다. 공부하면서 아주 어두운 시기를 두 번 겪었지요. 소명에 대해서는 조금도 의심하지 않았지만, 그것을 해낼 수 있을지 의문이 일었던 시기였습니다. 한번은 신체 건강 때문에 그런 의문을 품게 되었어요. 1957년 8월 13일 폐에 문제가 생겨 응급 수술을 받아야 했거든요. 그래서 그 소명을 계속 수행할 수 있을지 의문이 들었지요. 이런 의심의 순간들이 나중에 다른 사람들을 돕는 데 도움이 되었습니다.

—— 교황님의 인생에서 잊을 수 없는 은혜를 경험했던 때, 그리고 다시는 하느님에게 돌아오지 않겠다고 생각했던 때에 대해 말해주실 수 있나요? (프랑스인)

자, 첫 번째 순간인 1953년 9월 21일에 대해서는 방금 말했지요. 두 번째 순간은 더 이상 신을 믿을 수 없다고 생각한 것이 아니라 "신은 어디에 있나요?"라고 물었던 때였어요. 어렵고 모호한 경험이었지요. 모든 것이 어두워지는 것 같았어요. 부에노스아이레스에서 독일로, 이어 아르헨티나 코르도바로 유배되었던 때에 그런 경험을 했던 것 같아요. 아주 힘

"가난한 이들을 잊지 마세요"

든 시간이었습니다. 그래요, 아주 어두운 시기였지요. 이 시기 내내 어둠 속에 있었던 것은 아니지만, 어둠이 나를 엄습하고 있었어요. 마음이 힘들었어요. 그래서 기도했어요. 하느님 손에 나를 맡겼고 용서를 구했고 도움을 청했어요.

——— 교황님은 이 땅에서 사도 베드로의 후계자 자리에 있는데요, 매일 그리스도의 존재를 느끼시나요? 다른 사람들에게 그걸 어떻게 말하시나요? (이란의 아르틴)

예수는 아주 빈번히 부재합니다. 예수를 느낄 수 없어요. 하지만 가장 어려운 순간에는 곁에 있어요. 그래서 일종의 내적 안정감을 느끼게 돼요. 놓칠 수 없는 감정이지요. 예를 들어 죄를 지을 때 그래요. 사제의 삶을 살면서 죄를 짓는 순간들이 있어요. 그럴 때면 '주님이 나를 어떻게 용서하실까?'라고 스스로 묻곤 하지요. 하지만 그때마다 주님은 손을 내밀어요. 이런 순간들을 통해 용서는 결코 누구에게도 거절되어서는 안 된다는 것을 알게 되었어요.

우리는 죄에 대해 언급하는 것을 항상 두려워합니다. 여담을 좀 할게요. 우리 모두는 "나는 죄인이다"라고 말하지요. 하지만 실제로 큰 죄를 지어 죄인이라고 느끼면 수치심이 일어요. 그러나 이때 예수의 자비로움에 의지하고 주님의 도움으로 몸을 일으켜 세워야 합니다. 죄를 지었을 때 취했던 이런 태도는 내게 많은 도움이 되었어요.

——— **가난한 라자로와 못된 부자의 비유는 교황님에게 어떤 영감을 주나요?** (피에르)

라자로에 관한 예수의 비유를 보면, 라자로만 유일하게 이름을 가지고 있어요. 물론 아버지 아브라함도 이름이 있지요. 하지만 다른 사람들은 부자인 사람들, 연회에 간 사람들, 부족한 것이 없는 사람들 등 형용사로 지칭될 뿐, 이름이 없어요. 모두 형용사로 표현되는 거지요. 개의 이름도 무엇이었는지 몰라요. 이름이 없는 사람들만 등장해요. 이름이 있는 사람은 라자로뿐이에요. 내가 보기에 라자로는 봉헌을 뜻합니다. 인간의 봉헌, 인간이 지닌 가장 좋은 것의 봉헌, 한계에 대한 인식을 뜻해요. 경멸, 가난, 소외가 한계에 해당하지요. 라자로는 이름을 부여받을 수 있는 능력을 가진 사람이에요. 그래서 내 안에 라자로는 있는지, 내 안에 있는 것이 올바른 것인지 스스로 묻곤 해요. 한계에 처할 때만 자신의 이름을 찾는 거지요. 신기하게도 한계에 부딪히고 주변적인 위치에 놓일 때 우리는 진짜 이름을 발견할 수 있어요. 이것이 라자로가 의미하는 것입니다.

───── **교황으로서 가장 큰 소망은 무엇인가요?** (아이티의 외젠)

생각나는 대로 답하자면, 좋은 신부가 되는 거예요. 이런 질문을 스스로 해본 적은 없지만 마음이 이렇게 말하네요.

3장

"부는 그들의 것이 아니에요"

─── **가난을 어떻게 정의하시나요? 교황님에게 가난한 사람들이란 어떤 사람들인가요?** (레바논의 돌리)

가난한 사람은 우리 사회의 가장자리에서 살아가고 있는 사람들이에요. 그들은 모두 애정이 결핍되어 있고 애정 공동체에서 소외되었다고 느껴요. 불편하거나 나이가 들어서 또는 궁핍하다는 이유로 가족이 시설에 맡긴 사람들도 있어요. 결국 가난한 사람은 어떤 식으로든 사회에서 정서적으로 분리된 사람들이에요. '실제로'가 아니라 '정서적으로' 소외된 사람들이지요.

가난을 어떻게 정의하느냐고요? 정의는 너무 추상적이에요. 내가 가난하다고 여기는 사람은 그냥 보여요. 보자마자 가난하다는 것을 압니다. 굳이 정의하자면, 모든 것이 결핍된 상태라고 말할 수 있겠네요. 재산, 애정, 사회적 관계, 타인의 존중이 결핍된……. 그리고 또 가난한 사람들은 희생양이 되지 않나요?

────── **하지만 가장 많이 가진 사람이 가장 가난할 수도 있
지 않을까요?** (스페인의 리카르도)

물론이지요. 가장 많이 가진 사람은 자신이 가진 것에 가장
얽매여 있는 사람이기도 하니까요. 그런데 돈이 있는 사람 중
에는 다른 사람들을 위해 돈을 아주 잘 사용하는 사람들도 있
어요. 그런 사람들이 많지는 않지만 있긴 하지요. 그리고 돈
과의 관계가 빈곤한 사람들도 있어요. 그들은 돈을 이리저리
낭비하지 않아요. 자선 은행의 관리자들이 그런 사람들이지
요. 하지만 자신을 위해 많은 돈을 쓰는 사람을 가난하다고
말하지는 않습니다. 오히려 '불쌍한 남자', '불쌍한 여자'라고
하는 게 맞아요.

몇 년 전 일이에요. 부에노스아이레스에서 상당히 권위 있
는 은행들과 산업 기관들이 소속된 한 협회의 회장이 있었습
니다. 엄청난 거부였지요. 그는 자신이 암에 걸려 얼마 살 수
없다는 것을 알게 되었고 죽음을 준비하기 시작했어요. 이미
넘쳐날 만큼 많은 배당금을 가지고 있었는데 일주일 후에 또
다시 거액의 배당금을 받게 되었어요. 놀랍게도 그는 그 돈으

로 스위스 별장을 사들였어요. 단지 그걸 소유하고 싶었던 거지요. 인생을 그렇게 끝내는 건 슬픈 일이에요.

이런 일화도 있어요. 꽤 부유했지만 인색했던 내 친척 한 사람이 있었어요. 정말 인색했죠! 큰 재산을 소유하지 않고도 부자가 되는 방법이 있어요. 돈을 쓰는 데 옹졸하고 모든 것을 구두쇠처럼 혼자 가지면 됩니다(교황이 다 가지는 제스처를 한다). 엄청난 구두쇠였던 그는 자신의 어머니에게 아침, 저녁으로 요구르트 한 개씩만 드시도록 했어요. 결혼하고 나서 어머니와 함께 살았는데요, 어머니를 돌보는 사람을 따로 두고 그때부터 어머니 몫을 반으로 줄여 아침에 요구르트 반 개, 저녁에 요구르트 반 개만 드시게 했어요! 친척이다 보니 난 그와 교류가 있었어요. 그런데 그가 죽었을 때 상갓집에 밤샘하러 가지 못했어요. 갈 수 없는 상황이었거든요. 그래서 다음 날 사촌 누이에게 전화를 걸어 "거기 갔었어?"라고 물었어요. 누이는 갔었다면서 이렇게 덧붙였어요. "마지막 순간에 상황이 복잡해졌어. 관을 닫을 수가 없었어." "아, 정말? 왜?" 내가 물었죠. "전부 다 갖고 떠나고 싶어 해서!" 정말 우습지 않나요? 수의에는 주머니도 없잖아요……. 짐 트럭이 장례 행렬을 따라가는 장면은 처음 봤습니다.

이렇게 정말 불쌍한 부자들이 있어요. 하지만 어떤 부자들은 재물이 자신의 것이 아니며 자신은 하느님의 부름을 받은 은행가에 불과하다는 것을 알아요. 하느님의 은행가라는 말은 내가 만든 말입니다. 부가 그들을 거쳐 전달되도록 신이 허락한 거란 말이지요. 우리는 또 돈이란 게 도대체 무엇인지 궁금할 수 있어요. 초대 교회의 교부 중 한 사람은 돈을 '악마의 똥'이라고 했지요. 미안합니다. 주제를 벗어나네요.

───── **저희 같은 가난한 사람들에게는 어떤 임무가 있나요? 저희가 무엇을 할 수 있을까요?** (프랑스의 마리)

많은 것을 할 수 있어요. 가난한 사람들이 없는 세상이 존재할 수 있지만 그런 세상은 천국에나 있지요. 우리 모두 하느님의 풍요로움 안에서 부자가 될 수 있습니다. 여기 이 세상은 부와 가난, 정의와 불의 간 투쟁으로 얼룩져 있어요. 우리는 물질적 빈곤이 종식되고 정의가 실현되고 모든 남성과 여성이 일, 빵, 교육을 받을 수 있도록 싸워야 해요. 투쟁해야 합니다.

불평등, 오만, 독재로 가득 찬 이 세상, 소외와 차별이라는 특이한 독재가 널리 퍼져 있는 이 세상에는 항상 가난한 사람들이 존재할 거예요. 여러분 곁에는 늘 가난한 사람들이 있을 거라는 말이지요. 바로 거기에서 예수를 만날 수 있습니다. 예수는 가난한 사람들과 함께하고 그들 안에 있어요. 그들이 가난하고 불행해서가 아니라 예수 스스로 가난한 자가 되어 소외된 사람들, 아무도 소중히 여기지 않는 사람들, 고립된 채 모습을 드러내지 않는 사람들과 함께 나아가기 위한 것이 지요. 이것이 바로 하느님의 길을 보여주는 거예요. 하느님 의 길은 소외나 차별로 만들어지지 않고, 넘어진 모든 사람을 치유하고 존엄성을 돌려주려고 내미는 부드러운 손길에서 만들어집니다. 다른 이들과의 만남, 특히 가장 가난한 사람들 의 만남을 저버려서는 주님을 만날 수 없어요. 예수는 가난한 자 안에 있고 가난한 자는 복음의 중심이니까요. 말한 사람 은 기억이 나지 않지만, 누군가 "가난한 사람들은 진정한 부 富다"*라고 했어요. 우리를 영원으로 이끄는 모든 것, 부족한 우리가 안락한 생활과 물질적 부로 감추려고 애쓰는 우리 자 신의 부족함을 보게 만드는 모든 것이 교회의 부이고 사회의

---

* 프란치스코 교황이 자주 언급하는 이 말의 유래는 3세기로 거슬러 올라간 다. 디오클레티아누스 황제 시대에 살았던 초대 교회 집사이자 순교자인 로렌스가 한 말이다.

부인 것입니다. 지금 말한 것들은 여러분과 이야기하면서 떠오른 것들이에요. 이 모든 건 논의의 여지가 있을 수 있어요! 내 생각을 말한 것뿐입니다.

——— 가난한 사람들과 함께 살면서, 그들이 "당신이 필요해요"라는 말을 들으면 다시 일어설 용기를 가진다는 것을 알게 되었어요. 그들을 어떻게 도울 수 있을까요? 어떻게 세상이 그들을 더 돕게 할 수 있을까요? (로이크)

그 모든 것은 소통에 달려 있습니다. 소통은 애정 어린 몸짓으로도, 눈빛으로도 할 수 있어요. 내게 고해성사를 하는 사람들에게 난 가난한 이에게 온정을 베푸는지를 물어요. 아니라고 답하는 사람에게는 눈으로 말하죠. 도움을 준다고 답하는 사람에게는 가난한 이의 눈을 쳐다보는지를 물어요. 그들은 내가 왜 이런 질문을 하는지 이해하지 못할 거예요. 사람에게 자신의 중요성을 느끼도록 해주는 첫 번째 방법은 눈을 바라보는 거예요. 그리고 가난한 이에게 돈을 줄 때 손을 잡는지, 손을 잡은 후에 너무 성급하게 손을 빼지는 않는지도 물어요(손을 빼는 제스처를 한다). 결국 시선과 몸짓에 부드러움이 있는지를 묻는 거지요. 이 두 가지는 매우 중요해요. "잘 지내요?" "필요한 게 더 있나요?" "내가 어떻게 도울 수 있을까요?"와 같은 질문들도 아주 중요해요. 사랑 선언처럼 "당신은 내게 매우 중요한 사람이에요"와 같은 말을 하는 것보다 훨씬 더 중요합니다. 이 말은 상대가 믿지 않을 거니까요. 하지만 상대가 한 인간으로 대하고 있다고 느끼게 만드는 행동들을 하면 그 상대는 여러분을 참된 대화 상대로 여기게 될 거예요. 가난한 사람의 눈을 쳐다보는 일은 용기가 필요해요. 시선에서 우리의 잘못이 드러날 수도 있으니까요. 가난한 이의 손을 잡고 그를 만난 것이 우리에게도 은혜라고 말하는 용기가 있어야 해요. 그런데 우리는 이런 용기가 아주 부족합니다.

——— **가난한 사람들이 많은 동네에 가면 어떤 기분이 드시나요? 반대로 멋진 동네에 갈 때는요? (콜롬비아의 파울리나)**

나는 교회에 있을 때나 신자들을 만나 인사할 때 모두를 똑같이 대하려고 노력합니다. 하지만 가난한 동네와 변두리 지역에 갈 때 늘 더 편안함을 느껴요. 거기서 맺는 인간관계가 더 직접적이고 모든 게 더 자연스럽거든요. 물론 경제적으로 부

"부는 그들의 것이 아니에요."

유한데도 아주 검소하게 살아가는 사람들을 종종 볼 수 있는 교구들도 있어요. 그들은 진정한 그리스도교인이지요. 진실하고 타인을 섬기는 사람들이 있는 곳에서는 자연스레 기분이 좋아집니다. 말했듯이, 이중성이 있는 곳은 좋지 않아요. 특정한 이념의 포로가 되지 않은 가난한 사람들과 만나면 첫 만남부터 아주 편안함을 느껴요. 우리가 설교할 때 명심해야 할 한 가지는 가난한 이들을 어떤 이념으로 몰고 가서는 안 된다는 거예요. 가난을 이념적 논쟁의 대상으로 삼는 것은 매우 심각한 일입니다. 가난한 동네에 가면 빈곤해도 온 가족이 존엄성을 잃지 않고 살아가는 모습들도 보게 돼요. 가난을 도구화하고 이념적 담론이나 입장을 위해 이용하는 것은 가난한 이의 존엄성을 무시하는 또 다른 방식이에요.

─── 부자들은 가난한 사람들을 이해하나요? 그들은 가난이란 게 어떤 건지 알까요? (크리스티앙)

부자의 마음이 가난하면 이해할 수 있어요. (웃음) 이미 말했듯이 돈이 있는 사람도 가난한 자의 마음으로 돈을 쓸 수 있어요. 마음을 비우고 마음을 가난하게 하지 않으면 가난한 사람들을 이해할 수 없어요.

성녀 마르타의 집에서 교황과 만나다.
"때로는 삶에서 하느님 마음의 문을 두드리는
겸손함을 가져야 해요."

© Lazare

© Vatican Media

© Angélique Provost

로마에서 교황과 이야기를 나누다.
세계 각지의 가난한 사람들과 만난 자리이다.
2020년 5월에 교황과 처음 화상으로 대화했고,
그 대화가 이 책 출판으로 이어졌다.

© Vatican Media

© Vatican Media

© Angélique Provost

2021년 5월, 6월, 8월에 교황을 다시 만나 대화를 이어갔다.
"사람에게 자신의 중요성을 느끼게끔 해주는
첫 번째 방법은 눈을 바라보는 거예요."

"가난한 이들이 배제된 복음은 무너지지요."

—— **바티칸의 돈은 어디에 쓰이나요?** (칠레의 로드리고)

빚을 갚는 데 쓰이지요. 하느님은 아주 좋은 분, 정말 아주 좋은 분이니까요. 가난해야 할 수도회나 종교 기관이 가난하지 않고 돈을 잘못 사용하면 재앙과 파산을 가져오는 나쁜 관리인을 보내줘요. 바티칸의 돈, 즉 바티칸이 지닌 돈은 자선 사업에, 그리고 복음을 알리는 일을 지원하는 데 쓰여요. 하지만 모든 돈이 거기로만 가는 것은 아니에요. 신문을 봐서 알겠지만, 바티칸 성직자 열세 명이 사기와 금융 범죄*로 기소가 임박했습니다. 이런 일이 처음은 아니지만, 사제, 주교, 추기경과 같은 성직자들이 고급 승용차를 타고 다니며 가난의 모범을 보이기는커녕 더 부정적인 행동을 하는 것을 보면 괴롭습니다. 교황청에는 가난한 추기경과 주교들도 많이 있지만 사치의 이미지도 존재하지요. 바티칸은 부와 권력의 이미지를 보이지 않도록 지속적으로 변화해야 해요.

—— **그 모든 것이 아주 오래전부터 있던 일이고 교황님**

* 프란치스코 교황은 여기서 일명 '바티칸 은행'으로 불리는 종교 사업 기구 (IOR)가 실행했던 수상한 런던 부동산 투자를 언급하고 있다. 교황은 교황청 고위직이 연루된 이 사건을 2021년에 직접 비난했다.

"부는 그들의 것이 아니에요"

65

은 아주 어려운 상황을 물려받은 것 같네요. (콜롬비

아의 디아나)

나도 죄가 있어요. 내가 진 빚을 갚고 있는 거예요.

——— 네, 그래요. 동의해요! (디아나)

참 용감한 콜롬비아 여성이군요! 방금 한 말 마음에 들어요!

　디아나, 바티칸의 돈이 어디로 가는지 아나요? 바티칸은

아프리카에서 병원과 학교를 지원하는 일을 하고 있어요. 가

난한 사제, 주교, 추기경 들이 있긴 해도 바티칸이 가난하지

는 않아요.

——— 네, 잘 알아요. 저는 돈이 신이 되어버린 시대에 우

리가 살고 있단 말을 하고 싶은 거예요. 그래서 교황

님의 역할이 참 어려워 보여요. (디아나)

——— 하지만 늘 그랬죠! 돈은 강력한 군주이고 이건 신의

계획 안에 있는 거예요. 악은 존재해요. 신은 전체

이고 악은 일부에 불과합니다. 하지만 이 일부가 존

재하죠. 역사상 돈 문제는 항상 있었어요. (스페인의

헤수스)

―――― 저는 죄인이었어요. 중독에 빠져 있었고 마약을 했
고 삶의 의미를 잃어버렸지요. 예수를 향한 믿음 덕
에 벗어났지만, 여전히 나약하고 때로 다시 빠져들
고 싶은 유혹이 강하게 일어요. 저는 혼자예요. 교
회에 가거나 신부와 이야기할 가능성이 없어요. 저
의 믿음을 깊게 하고 유혹에 굴복하지 않는 힘을 가
질 수 있게 기도해주세요. 이 메시지를 보낼 수 있어
서 기쁘고 좋아요. 감사해요. (이란의 Sr.)

혼자라고 말하는 부분에 관심이 갑니다. 왜 그런 말을 하는지
알 수 있어요. 곁에 신부도 없고 수녀도, 가톨릭 신자나 기독
교인도 없는 거예요. 그래서는 안 되는 일이지요. 외로움은
가난이 아니라 불행이에요. 가장 힘든 고통 중 하나이고 가장
숨겨진 고통이기도 하지요. 혼자이다 보니 어려움을 해결할
방법을 찾지 못하고 유혹에 직면해야 하는 사람들을 생각해
야 해요. 그들은 사회적 네트워크를 가지고 있지 않습니다.
그래서 내가 모든 사람에게 관계망을 열어주고 숨 막히는 상
태에서 벗어날 가능성을 높여주는 일을 하고 있지요.

—— 극빈한 처지에서 큰 어려움을 겪는 많은 사람이 질
문 대신 기도만 해달라고 부탁했는데요, 그들에게
무슨 말을 해줄 수 있을까요? (시빌)

이 질문에 어리석은 답을 하고 싶지 않군요. 내 믿음에 의지
해서 말해볼게요. 빈곤이나 큰 어려움을 겪고 있을 때는 질문
하려는 의욕조차 사라질 수 있다는 걸 알고 있습니다. 그럴
때는 오직 하느님의 어루만짐을 느끼는 노력을 해야 해요. 그
런 상황에서는 주님이 어루만져주고 있거든요. 노력하다 보
면 그걸 알아차리게 될 거예요. 그리고 "네. 그들을 위해 기도
할게요"라고도 대답하겠습니다.

—— 가난에 어떻게 맞서야 할까요? 소비 사회에서 살아
가는 저희가 어떻게 빈곤을 겪어내야 할까요? (프랑
스의 알랭)

이 질문에 대한 보편타당한 답은 없어요. 불공정한 사회에서
가난은 그저 개인적인 문제가 아니에요. 빈곤이 더 지속되지
않도록 사회 모델을 바꿔야 합니다. 빈곤이 발생하면 개인적
으로도 맞서나가야 해요. 아주 혁신적인 방법으로 맞서야만
하죠. 그리고 가난에 처한 사람을 돕고 사회 불공정을 해소하

고 부를 통해 드러나는 파렴치함을 퇴치하는 데 기여해야 합니다. 파렴치함이나 무관심과 싸워야 해요.

사회 주변부에서 살아가는 사람들을 도우려면 제도도 필요하고 여러분처럼 의지도 있어야 합니다. 소비 사회의 가난한 사람이라는 말이 사회 주변부에 놓인 사람들을 잘 표현하네요. 우리는 그들 가까이 가야 해요. 부자들에게는 훨씬 더 어려운 일이지요. 가난을 겪어본 사람만이 가난을 잘 이해할 수 있어요. 경험을 통한 이해인 거지요. 첫 번째 사도들이 영적 가난을 겪은 이후 예수를 만났을 때도 그랬어요. 그들은 몹시 기뻐서 형제들에게 달려가 "우리가 메시아를 만났습니다"라고 말했어요. 그들은 더 이상 혼자가 아니었지요.

허영으로 가득 찬 이 세상이 영원할 것처럼 살아가는 사람들은 매우 불행하다고 생각합니다.

——— 소비 사회가 사라진다면 더 이상의 빈곤은 없을 텐데요. (리카르도)

악마는 다른 걸 만들어낼 거예요.

——— 「프라텔리 투티」를 읽어보았는데 아주 흥미로웠어

요, 사회적 우정이란 개념이 어디서 온 것인지, 사회

적 우정의 정의는 무엇인지 알고 싶어요. (피에르)

사회적 우정은 이웃의 어깨에 손을 얹고 함께 나아가는 것입니다. 타인에게 애정을 가지고 타인과 함께 사회 구조를 바꾸는 노력을 하는 거지요. 그러나 구조만 바뀐다고 해서 되지는 않고 타인과의 친밀함이 변화의 원동력으로 작용해야 해요. 친밀함, 동정심, 부드러움은 신의 스타일을 보여주는 특징들이에요. 항상 여기로 되돌아오게 되는군요. 성경에서 "예수가 다가와……"라고 말하는데, 이 구절에서 신의 스타일을 상기할 수 있지요.

예를 들어 나병 환자들을 생각해보세요. 예수는 몇 미터 떨어지지 않은 곳에 머물며 그들을 불러 돌보았고 그들에게 연민을 느꼈어요. 기도할 때 반복하는 복음서의 문구가 있지요. "예수는 연민을 느끼셨다."* 사회는 구조상 가난한 이들과 거리를 둘 수밖에 없어요. 가난한 사람들과 접촉하지 않은 채 부드러움 없이 무관심한 태도로 대하지요. 예수와 하느님은 그러지 않았어요. 구약성경을 보면 하느님은 가까이 다가

---

*　　마르코 복음서 1장 41절

갔고 동정심을 느꼈어요. 모세가 노예인 백성을 해방할 준비를 하고 있을 때 "나는 내 백성에게 연민을 느꼈다"라고 말했지요. 신약성경에서 예수는 주님의 부드러움을 보여줍니다. '개념적인 그리스도교'는 진정한 그리스도교가 아니에요.

───── **왜 하느님이 저희에게 특별한 사랑을 준다고 하나요? (폴란드의 R.)**

이렇게 말하면 이상하게 들릴 수도 있지만 감히 말해보자면 신은 '경솔하게', '대량으로' 사랑하지 않습니다. 하느님의 사랑은 너와 나로, 아버지와 아들로, 각자의 이름으로 하는 개별적인 사랑이에요. 이 말이 터무니없고 엉뚱하게 들릴지도 모르지만 실제로 그렇습니다. 하느님이 나를 기다리고 나와 동행한다는 것은 우리 신앙에서 일종의 스캔들인 셈이지요. 예수는 희망하고 사랑하고 가까이 다가가는 하느님의 이미지를 몸소 보여줬어요. 내가 말한 하느님의 스타일, 즉 친밀함, 동정심, 부드러움이라는 세 가지 특징을 모두 보여줬지요. 예수가 한 모든 말에서 느낄 수 있어요. 방탕한 아들에 대한 비유뿐만 아니라 모든 말에서요. 그리고 예수는 하느님을 부를 때 '아버지', 더 애정이 담긴 '아빠 아버지'*라는 표현 말고는 다른 어떤 표현도 쓰지 않았어요.

하느님이 나를 사랑한다고 느끼는 건 생각만으로 가능하지 않습니다. 삶의 경험을 통해 가능해요. 계시를 받기도 하지만, 무엇보다 삶의 경험으로 느낄 수 있지요. 하느님은 우리를 가족의 이름으로 사랑하지 않고 우리 각자의 이름으로 사랑한다고 말할 수 있어요. 하느님은 우리의 도덕성을 보고 사랑하는 것이 아니라 우리를 있는 그대로 사랑합니다. 복음서에 이를 증명하는 이야기들이 가득하죠. 하느님은 스스로 완벽하다고 생각하는 오만한 사람들조차 사랑하고 그들을 기다려요. 비위를 맞추며 그들의 반응을 살피지요. 신은 모든 이를 사랑하고 기다려요. 신은 아무도, 심지어는 유다도 버리지 않았습니다.

───── 왜 우리는 부드럽고 정이 넘치는 인간이 되기까지 큰 희생이 필요하고, 이런 희생이 오랜 세월 지속되

* 개역 한글판(1956) 마가복음 14장 36절에 나오는 '아바 아버지'가 개역 개정판(1998)에서는 '아빠 아버지'로 바뀌었고 가톨릭주교회의 성경도 '아빠 아버지'로 되어 있다. '아바'는 아랍어 Abba를 음역한 것으로 '아빠'를 뜻한다.─옮긴이

어왔을까요? (헤수스)

신학자들은 원죄가 있어서라고 말할 거예요. 우리에게는 기본적인 결점이 있어요. 바로 이기심이지요. 우리 안에 성령이 임하고 있어 이 결점을 고치려 노력하지만, 우리 모두는 본성적으로 악으로 기우는 경향이 있어요. 만약 그렇지 않다면 내일 모든 사람을 성인으로 추대하겠습니다. (웃음)

——— 저는 알코올 중독에서 벗어난 서른다섯 살 때부터 주님을 섬기는 기쁨을 누리고 있어요. 세상이 나의 집이니까 이제는 노숙자가 아니에요. 교황님, 무엇을 도와드릴까요? (미국의 존)

"무엇을 도와드릴까요?"라고 했지요. 이 말은 치유된 거룩한 마음을 보여주는 증거입니다. 당신이 무엇을 할 수 있느냐고요? 신의 경이로움을 알려야 해요. 예수가 자신의 사도로 따르려는 거라사 광인에게 여기에 머물러서 네가 경험한 것, 즉 너의 치유를 알리라고 했지요.* 그와 비슷한 상황에 있는 모든 사람이 해야 할 일은 자신의 체험을 알리고 증언하는 거예요.

*   마르코 복음서 5장 1-20절

―――― 저는 그렇게 하고 있어요. 20년 전에 술을 끊었거든
요. 저는 위기를 반복해서 겪었어요. 술 때문에 몸
이 떨렸지만 늘 다시 마셨죠. 끊었다가 다시 시작하
고……. 그러던 어느 1월 1일 아침에 술을 완전히
끊기로 했어요. 주님의 계획이었지요. 술 마시는 걸
멈췄고 그 후로 단 한 방울도 마시지 않았어요. 이제
는 마시고 싶지도 않아요. 주님의 은총으로 벗어난
거지요. 예상치 못한 일이었어요. 술을 끊고 싶어
하는 사람들, 도박을 좋아하는 사람들, 유흥을 즐기
는 사람들에게 증언할 수 있다면 더는 과거로 돌아
가고 싶지 않다고 말할 거예요. (크리스티앙)

당신이 해야 할 첫 번째 일은 "나는 그 안에 있다가 거기서 나
왔어요"라고 알리는 거예요. 두 번째로 할 일은 하느님을 찬
양하는 것이지요.

―――― 네. 기도하고 용서를 구하고 신앙을 고백하는 건 은
총이에요. 은총만 있을 뿐이에요. (크리스티앙)

4장

하늘을 향해 외치는 불의

—— 세상에서 일어나는 일들을 어떻게 받아들일 수 있
나요? 교회의 부유함과 교황의 반지를 보면 화가 나
요. 그 반지를 팔면 아프리카 한 나라를 먹여 살릴
수 있대요. (스페인의 마이테)

먼저 여기서 '교회의 부유함'은 바티칸시국과 성 베드로 대성
당의 부라는 점을 분명히 해야겠군요. 그러나 돈을 벌기 위해
바티칸을 조각내어 팔 수는 없어요. 그 부는 예배당에 있는
예술 작품들과 교구에 있는 귀중한 물건들로 이루어져 있어
요. 그건 모두의 소유이지, 사적인 부가 아니에요.

그리고 또 다른 부, 즉 마이테가 지금 예로 든 교황의 반지
라는 나쁜 부가 있어요. 이 반지는 주님과의 첫사랑을 상징합
니다. 1994년 6월 27일에 받은 거지요.

—— 그 반지로 아프리카의 한 나라를 먹여 살릴 수 있다

고요? 전 그렇게 생각하지 않는데요. (디아나)

그렇지 않지요. 그건 단지 돈의 문제만은 아니니까요.

━━━ **그런데 6월 27일에 무슨 일이 있었나요?** (헤수스)

처음으로 주교 서품을 받은 날이에요. 여러분은 결혼할 때 서로의 사랑을 상징하는 반지를 손가락에 끼고 사랑이 식지 않는 한 반지를 바꾸지 않지요. 그러니까 나도 반지를 바꾸지 않을 거예요! 기분 나쁘게 하려고 이렇게 말하는 게 아닙니다. 반지를 자주 바꾸면 비웃음을 살 수 있어요. 그러나 목자는 보석으로 치장해서는 안 되지요. 보석은 하느님과 하느님의 자녀, 다시 말해 그것을 필요로 하는 사람들을 위한 거예요. 그러니까 사람들을 먹여 살려야 한다면 교황의 반지도 팔아야겠죠.

사치스럽게 사는 사제나 주교는 결국은 조소를 받게 되고, 조소를 받으면 회복하기 힘들어요. 성직 생활에서 검소함이 부족하면 오류에 빠지게 됩니다. 따라서 개혁을 통해 이런 경향을 바꿔야 해요. 하지만 매우 어려운 일이지요. 교회에는 세속적인 전통이 있으니까요. 우리는 이미 그 방향으로 약간 나아갔고 같은 쪽으로 계속 가고 있어요. 복음의 종들 사이에서 가난이라는 전통이 꾸준히 확산하고는 있지만, 교회의 전통적인 권력에는 사치와 돈이 많이 연결되어 있습니다.

교황, 추기경, 주교, 사제, 종교인을 시작으로 교회 전체에 바라는 큰 덕목은 가난이에요. 스페인 바스크 지방의 성인 이그나티우스 데 로욜라는 신자들에게 가난은 삶의 어머니이자 삶을 지켜주는 벽이라고 말했습니다. 왜 가난은 어머니일까요? 어머니는 너그럽고 타인에게 자신을 바치고 타인을 위해 살아가며 하느님을 찬양해요. 그래서 가난이 어머니인 거지요. 그리고 가난은 세상의 지배자인 부에 대항하여 우리의 삶을 지켜내는 벽이기도 합니다. 여러분이 부유한 성직자를 보면 그를 위해 기도하고 가능하다면 그에게 그걸 말해줘야 해요. "교회는 왜 부유한가요?"라는 답하기 쉽지 않은 질문에 이 정도로 답하겠습니다.

—— **사제는 가난해야 하나요?** (코트디부아르의 로르 이렌)

네. 그래야 하지요. 예수가 첫 사도들을 불러들여 "모든 것을 버리고 나를 따르라"라고 말했지요. 부유한 성직자라는 말은 용어상으로도 모순이고 설교를 통해 이런 모순을 알려야 해요. 신부는 다른 사람들을 위해 봉사해야 합니다. 돈에 관심이 있다면 다른 일을 해야 해요!

───── 교구 사제들이 다른 직업처럼 급여를 받는 나라들
    도 있어요. 이 점에 대해서는 어떻게 생각하시나요?
    (시빌)

성직자는 사역자로 살아야 하고 보수를 받아서는 안 됩니다.
그리고 사람들이 미사나 다른 의식을 치르고 싶을 때 얼마를
내야 하는지를 묻는 경우가 있는데 "아무것도 낼 필요 없어
요. 무언가를 내고 싶으면 교회의 헌금함에 넣으세요"라고 답
해야 해요. 또 세례를 받기 위해 얼마를 내야 하는지 물으면
"아무것도 내지 않아도 돼요. 내고 싶으면 저기 헌금함에 넣
으면 돼요"라고 답해야 합니다. 다시 말하자면, 성직자는 월
급을 받지 말아야 하고 신자들은 헌금으로 내야 해요. 헌금을
얼마나 내는지는 비밀로 해야 하지요. 아무도 누가 무엇을 얼
마나 냈는지 알아서는 안 되니까요.

어느 날 이런 일이 일어났어요. 대주교였을 때입니다. 내
친구가 딸의 결혼식을 주재해달라고 했어요. 그와 그의 딸은
독실한 천주교 신자였고 제대로 된 혼인성사를 원했어요. 그
리고 많은 사람이 결혼하는 부에노스아이레스 시내의 교구

에서 식을 올리고 싶어 했지요. 그래서 그들은 미리 알아보러 그곳에 갔어요. 그런데 성당 측은 "아니요. 불가능해요. 혼인성사는 미사 중에만 받을 수 있어요"라고 말했어요. 왜 그럴까요? 혼인성사는 30분 정도 걸려요. 그러면 일반 미사를 30분 정도밖에 할 수 없게 돼요. 성당 측에서는 이렇게 짧게 하는 미사를 상상할 수 없거든요. 그 친구가 말했지요. "딸은 혼인성사를 따로 하고 싶어 합니다! 미사를 두 번 하는 데 드는 비용을 낼게요. 많이 들어도 괜찮습니다." 사제는 "아, 그러시다면 가능해요"라고 답했어요. 결혼식 당일에 그 친구 딸을 위해 성당에 갔는데 그 신부가 "오! 추기경님!" 하며 나를 반기더군요. 나는 그를 보고 말했어요. "신부님, 혼인미사를 따로 한다고요. 다음 주에 주교관으로 날 보러 오세요." 그 말에 신부 얼굴이 빨개졌죠.

돈은 성직자를 타락시켜요. 예를 들자면, 어떤 성직자들은 선생님 역할을 해서 가르치고 돈을 받아요. 또 병원 원목 사제를 하는 성직자들도 있어요. 이들도 월급을 받아요. 교도소 전속 신부들처럼 공적인 기능을 수행하니까요. 하지만 어떤 일을 하든 월급을 받지 말아야 해요. 돈은 흘러야 하고 성직자의 일을 하고 대가를 받는 그런 일은 그만해야 해요. 나라마다 제도가 다르고 이 모든 것에 대한 규제가 제대로 이루어지지 않아 사실 실천하기는 어렵지요. 분명한 건 성직자들이 늘 내면의 자유를 가지고 있지는 않다는 점이에요. 세속적인 집착에서 벗어나 가난하게 살려면 내면의 자유가 필요합니다. 어쨌든 월급을 받는 성직자는 "가난하게 살아야 해. 먹고사는 데 필요한 돈만 두고 나머지는 돌려줘야지"라고 말할 수 있어야 해요. 슬프게도 돈은 악마의 유혹이고 성직자를 파멸로 이끕니다.

───── 하지만 신부가 돈을 벌면 다른 사람들을 더 잘 도울 수 있지 않을까요? (디아나)

네, 물론 그렇습니다……. 하지만 성직자는 가난해야 하고 돈의 관리자로만 살아가야 해요. 성직자가 번 돈으로 뭘 하는지를 물어야 진정한 질문이라고 할 수 있어요. 가난하게 살라고 하는 이유가 여기 있어요. 신부가 업무상 차가 필요해서 아주 소박한 유틸리티 차량을 사는 것은 괜찮아요. 그런데 벤츠를 산다면 그건 잘못된 일이에요.

───── 세상에 미치는 교황님의 영향력이 커요. 이 세상을

지배하는 불의에 맞서기 위해 무엇을 하시나요? (영국의 메르나즈)

앞서 말했듯이 말을 합니다. 증언하려고 노력해요. 가능한한 의로운 사람으로 살려고 하지요. 죄에 관한 불공정이 늘 존재하니까요. 나는 가난을 증언하려고 노력합니다. 이곳 성녀 마르타의 집에서 사는데 방이 커서 사무실로도 쓰고 있어요. 이런 작은 노력을 해나가지만 분명 더 많은 것을 할 수 있겠지요.

세상의 불의를 어떻게 물리칠 수 있느냐고요? 말로도 할 수 있어요. 나는 가끔 심하게 말합니다. 어떨 때는 몹시 가혹하게 말하지요. 그리고 그걸 반복해요. 그러니까 말하고 설교하고 사람들이 기뻐하지 않을 것들을 얘기하는 거지요. 내 말이 모순이라며 비난하는 사람들도 있어요. 예를 들어 이런 말을 해요. "당신은 그렇게 말하지만 바티칸은 부유해요." 나는 할 수 있는 모든 것을 하고 분명한 목소리를 내요. 나를 공산주의자로 보는 사람들도 있습니다……. 복음에서 가난한 사람들을 끌어내버리면 복음이 무너진다는 건 분명해요. 가난한 이들은 복음의 중심에 있어요. 그들이 없는 복음을 더 선호하는 이들도 있겠지만, 그건 더 이상 복음이 아닌 거지요.

이런 일들이 불의에 대응해서 하는 것들입니다. 회칙과 권고 사항을 통해서도 불의에 대한 대응을 많이 촉구하지요. 새 회칙인「프라텔리 투티」에서 이 주제를 많이 다룹니다.

——— **왜 교회는 예수가 바랐던 것과 달리 더 이상 약자 편에 서지 않는 건가요? (레바논의 돌리)**

당신은 제도적 차원의 교회, 레바논에서 본 교회들을 두고 말하는 것 같군요. 항상 돈의 유혹이 강한 그곳에서 무슨 일이 일어나고 있는지 압니다. 사실 이곳에서도, 세계의 다른 많은 곳에서도 같은 일들이 일어나지요. 예수는 가난한 이들을 위한 가난한 교회를 원했습니다. 하지만 안타깝게도 교회가 자리를 잡고 제도화된 이후 많은 곳에서 가난한 교회를 더 이상 볼 수 없어요. 교회는 앞으로 나아가지 못하고 조금씩 정체되고 있습니다. 사람이 2년 동안 걷지 못한다면 몸이 굳어버리고 말 거예요. 교회도 마찬가지죠. 과도한 부는 교회를 앞으로 나아가지 못하게 마비시킬 수도 있어요.

——— **가톨릭 신자들이 회칙 내용을 듣고 자기가 알게 된 것을 다른 사람들에게 전하게 하려면 어떻게 해야**

할까요? (로이크)

전달 과정이 어떻게 진행되는지 알고 있나요? 교황의 말과 다양한 글들은 다른 사람들에 의해 해석되고 그 과정에서 교황이 전하려 한 의미가 훼손되기도 합니다. 한 TV 채널이 떠오르는데, 이름을 말하지는 않겠어요. 이 채널에서는 내가 말한 것을 받아들일 수 없다고 생각했어요. 오늘날 미디어는 그들이 전달해야 할 메시지를 왜곡하고 조작하고 결국에 가서는 파괴할 수도 있습니다.

이런 상황을 잘 보여주는 예가 있어요. 「프라텔리 투티」를 발표할 것이라고 하자 언론이 캠페인을 바로 시작했어요. "교황은 항상 남성형을 쓴다!" "왜 교황은 '모든 형제자매들Fratelli e sorelle tutti'이라고 쓰지 않는가!"라고 했지요. '프라텔리 투티'는 인용문이에요. 아시시의 성 프란치스코 문장을 인용했고 이 문장은 언론이 지적했던 표현으로 시작합니다. 그래서 인용문 뒤에 "성 프란치스코는 그 시대의 남성과 여성에게 이렇게 호소합니다"라는 내용을 넣었어요. 하지만 나는 그들의 비난에 맞서 해명하지 않았고 말하는 대로 그냥 놔뒀습니다. 보시다시피 이렇듯 일부 미디어는 말을 파괴하기 위해 무엇이든 할 준비가 되어 있어요. 그래도 다행스러운 점은 그 회칙이

하늘을 향해 외치는 불의

85

내가 원했던 대로 아주 잘 쓰였다는 것이지요.

——— 사악한 자가 행동한다는 것은 좋은 징조예요! 숲 밖
　　　으로 나왔다는 의미잖아요. 안 그런가요? (시빌)
맞아요! 그래서 이 일을 하는 거예요. 증언하고 말을 하는 거
지요. 성 베드로 광장에서 성녀 마르타의 집으로 돌아올 때
아픈 사람들이 보이면 가까이 다가가 발걸음을 멈춰요. 그들
곁에 있어야 하니까요. 몸짓을 통해 복음을 전하고 증언하는
것이지요. 비록 내게도 죄와 이기심이 있고 이런 행동이 항상
쉬운 것은 아니지만 그렇게 합니다.

——— 제가 무엇을 잘못했기에 이렇게 고통을 받을까요?
　　　(프랑스의 로랑)
글쎄요. 당신보다 더 많은 고통을 받은 예수에게 물어봐야 해
요!

——— 이 질문을 한 젊은이는 이전 대화에 참석하기로 했
　　　는데 오지 못했어요. 지금 감옥에 있어요. 거기서
　　　이 질문을 쓴 거예요. 그를 위해 기도해야 해요. 그

는 저희의 친구니까요. (시빌)

기도해야지요. 그리고 다시 말하지만, 우리보다 더 고통받은 예수에게도 이 질문을 해봐야 합니다. 주님은 아주 가까이 다가와 우리의 모든 고통을 대신 짊어졌어요. 이런 말이 반쯤밖에는 위로가 되지 않겠지만 그래도 이건 사실입니다. 하느님의 아들이고 고통을 나보다 먼저 겪은 불행의 동반자이지요. 그게 바로 예수예요. 예수는 왜 그렇게 고통받았을까요? 예수 그리스도는 십자가 위에서 "어찌하여 나를 버리셨나이까? 왜 이렇게 혹독한 고통을 주시나이까? 이 잔을 내게서 거두어주십시오. 더는 못 하겠습니다"라고 하느님께 말했습니다. 항상 예수를 생각해야 해요. 우리에게 길을 열어주니까요.

저는 당신을 생각해요. 몹시 목이 마를 것 같아서요!(웃음)

───── **교황님의 답변에 깜짝 놀랐어요! 아무튼 저는 할 말을 잃었어요. (헤수스)**

아무것도 답하지 않은 느낌인데요. (웃음)

───── **저는 사람을 맹목적으로 믿어요. 사람들을 돕고 있는데 막상 제가 어려움에 부딪히면 아무도 나를 돕**

지 않아요! 왜 그럴까요? (인도의 프리얀카)

인간 이기주의로 인한 비극이지요. 이기적인 존재가 나이기도 하고 나와 함께 있고 나를 위해 존재하기도 해요!(웃음) 간단히 말하자면 증언과는 완전히 반대인 거지요. 자신 안에 갇혀 있던 이기주의자가 모든 사람에게 내면의 모든 걸 들려주는 것이 증언이에요. 두 차원의 인간이 있지요. 당신은 사람들을 돕고 그들을 걱정하고 그들에게 마음을 열었어요. 그런 당신이 자신과 다른, 즉 자신 안에 갇혀 있는 다른 사람들을 발견한 거라고 봐야지요.

솔직히 다른 사람들을 걱정하지 않는 것이 훨씬 편하죠. '나를 곤경에 빠뜨릴지 모르니 차라리 관여하지 않는 게 낫겠어.' 이게 바로 인간의 이기심이에요. 아르헨티나에서 자주 하는 표현이 있는데요, 내 아버지는 "관여하지 마"라는 말을 자주 했어요. 하지만 예수는 자신의 손을 더럽혔지요.

───── **그러니까 우리가 관여해야 하는 거죠?** (헤수스)

그렇지요. 하지만 신중하게 해야 해요! 당신이 몽클로아 궁*

---

*　　　마드리드에 있는 스페인 정부 수반의 관저.

에 들어가 가난한 사람들에게 줄 것들을 가지고 나올 수는 없 거든요!

세상일에 관여해야 할 때 신중하라는 것이 소독 장갑을 끼라는 의미는 아닙니다. 신중함은 인간의 미덕이지요. 아이들을 둔 아버지의 미덕, 형제간의 미덕이에요. 요컨대 길을 잘 갈 수 있는 해결책을 찾는 모든 사람에게 필요한 미덕인 거지요.

——— 왜 거리에서 살아가는 사람들이 있는지 의문이 자주 드는데요, 이유가 늘 같은 것은 아니겠지만 노숙자들에게는 한 가지 공통점이 있어요. 삶의 여정 중어느 순간에 가족과 단절을 겪었다는 거예요. 어떤정부들은 법을 통해 이런 단절을 초래하기도 해요. 가족은 삶의 중심이 되어야 하지 않을까요? 어떻게하면 가족의 역할을 지켜낼 수 있을까요? (로이크)

이런 일은 처음이 아닙니다. 성경으로 돌아가보면 하느님이 내린 홍수* 이야기가 있어요. 인류가 스스로를 파괴하여 이미 어찌해볼 도리가 없는 상황이었기에 홍수를 내려 인류를

* 　　　창세기 7장 1-24절

하늘을 향해 외치는 불의

멸망시켰지요. 홍수 이야기는 신화이지, 역사적 사실은 물론 아니에요. 하지만 단순한 이야기가 아니라 깨달음으로 가는 길을 제시합니다. 그래서 그 길에 주목해야 해요. 홍수 사건과 바벨탑 사건 둘 다 인간의 거짓된 조화를 무너뜨리려고 하느님이 개입한 것입니다. 거짓된 조화는 내가 만든 말이에요. 홍수 이야기는 세상 곳곳에서 일어나는 죄악을, 바벨탑 이야기는 하늘에 닿고자 하는 인간의 엄청난 오만*을 보여줍니다. 바벨탑 작업장에서 벽돌 쌓는 일은 아주 큰돈이 들어가는 일이었어요. 그래서 벽돌이 떨어지면 떨어뜨린 사람을 처벌했지요. 그런데 일꾼이 떨어지면 아무도 처벌하지 않았어요. 이 신화를 통해 가치관이 얼마나 잘못되었는지를 깨달을 수 있지요. 홍수 이야기 역시 인간의 잘못된 가치관을 보여줘요. 이 이야기 속에서 하느님이 말한 것을 간단히 말하자면 "모든 가치관이 혼란스러워 더는 구할 수 있는 것이 없었다"라고 할 수 있어요.

누군가 노숙을 한다는 것은 그의 가족 또는 사회 집단의 뒤죽박죽된 가치관이 그에게 피난처를 제공하지 않았기 때문

---

*   창세기 11장 1-9절

이라고 할 수 있습니다. 절도, 술, 마약, 실업, 그리고 또 뭐가 있을까요? 그가 이런 탈선에 발을 들였을 때 그를 혼자 둔 겁니다. 여기서 우리는 인간 이기주의, 즉 홍수가 내리기 직전 파괴의 힘을 보게 돼요.

———   세상에 주고 싶은 것을 줄 수 없게 만드는 정신적 장
        애가 있어요. 어떻게 존엄하게 살 수 있을까요? 이렇
        게 약하고 아픈 것이 소명일까요? (프랑스의 알렉시)

당신이 말한 병과 존엄이라는 두 단어가 마음에 와 닿네요. 병이나 정신 질환에 걸리면 다른 사람들은 할 수 있는 일을 못 하게 되지요. 그리고 존엄성은 우리가 건강하든 병이 들었든 잘 살아갈 수 있게 해주는 조건이랄 수 있어요. 당신이 아무리 건강하고 최고의 운동선수이고 강철 같은 체력을 가지고 있어도 존엄성이 없다면 아무런 의미가 없어요. 존엄성은 어떤 신체 상태에서도 꿋꿋하게 살아갈 수 있게 만드는 비결이지요. 나도 저녁 기도를 하면서 양심을 점검해요. 낮에 어떤 일이 있었는지, 어떻게 하루를 살았는지를 생각해보지요. 그럴 때마다 나는 잘 살았나? 존엄하게 살았나?'라는 질문이 항상 떠오릅니다.

그럼 존엄성이란 무엇일까요? 우아하게 옷을 입는 걸까요? 높은 사회적 지위를 가지는 걸까요? 대학 학위를 따는 걸까요? 돈을 많이 버는 걸까요? 정계에서 아주 높은 자리에 오르는 걸까요? 이런 것들이 존엄성일까요? 아니요! 어떤 사람이든 고귀할 수 있고 존엄성을 가지고 살 수 있어요. 하지만 반드시 직업이 고귀해야 하는 것은 아닙니다. 쉽게 말하자면, 존엄성은 하느님과 다른 이들 앞에서 살아가는 삶의 방식이에요. 존엄성은 사물에 대한 현실 감각, 겸손함, 타인의 필요성을 느끼는 것을 의미해요. 즉, 존엄하게 살아간다는 것은 우리가 받은 선물과 은혜를 체험하는 거예요. 이 선물과 은혜는 하느님의 자녀가 되는 것이죠. 부, 가난, 긴 수명, 짧은 수명, 좋은 건강, 질병 등 모든 것을 수용하고 살아가는 것도 물론 여기에 해당하지만, 하느님의 자녀로 살아가는 것이 진정으로 존엄한 삶입니다. 하느님의 자녀라는 사실이 당신에게 주는 내적인 힘으로 살아가는 것이지요. 하지만 당신이 하느님의 아버지는 아니라는 겸손함도 함께 지니고 있어야 해요.

'질병이 있는데 어떻게 이것저것 할 수 있지?'라는 관점보다는 '우리가 겪는 모든 것에 의미를 부여하는 것들은 무엇인가'라는 질문을 하고 여기에 답해야 해요. 즉 존엄성이 선물이라는 관점에서 답을 하는 거지요. 나쁜 행동을 했다는 걸 저녁에 깨달았을 때 우리는 수치심이라는 은총을 요청해야 해요. 나의 모국에서는 아무것도 신경 쓰지 않는 사람을 '염치없는' 사람이라고 합니다. 예수를 세 번이나 부인한 후 예수와 눈이 마주친 베드로가 성 목요일 저녁에 느낀 것은 수치심이라는 은총이었어요. 복음서를 보면 그가 몹시 울었다고 해요. 존엄성이 사라지고 수치심을 느껴서 흐느껴 울었던 거지요. 수치심과 그로 인해 흘리는 눈물은 신의 은총입니다.

———— 삶이 처음부터 몹시 힘들었는데 견뎌낼 충분한 힘을 어디에서 얻을 수 있을까요? (인도의 빈자)

어떤 상황에서든 다시 시작할 수 있는 곳, 즉 첫걸음을 내디딜 수 있는 작은 길이 있어요. 그걸 찾아야 합니다. 미로에서 어떻게 빠져나갈 수 있을까요? 두 가지 방법이 있어요. 미로에서 자연이 준 실타래를 따라가거나 아니면 위쪽으로 빠져나오는 겁니다. 아리아드네의 실타래*를 찾아내거나 벽을 뛰어넘는 거지요. 아무튼 미로에서 빠져나갈 방법은 항상 있어요!

삶이 인도의 이 빈자를 안 좋은 상황으로 밀어 넣었어도 벗어날 방법을 찾고 도움을 꼭 요청하라고 말해주고 싶네요. "도움을 받아요. 거기에 그냥 서 있지 말고!"라고 말이지요. 물론 쉽지는 않을 거예요. 하지만 그보다 더 가난하고 더 큰 버림을 받은 모든 이에게 구원의 메시지가 될 겁니다. 가장 가난하고 버림을 가장 많이 받은 사람도 한 걸음을 내디뎌야 하니까요. 낙담하면 삶이 위협을 받아요. 우리는 도울 수 있습니다. 이 빈자에게 손을 내밀어 한 걸음 내딛게 하고 그가 그렇게 될 때까지 동행할 수 있어요. 이건 우리의 의무예요. 수많은 사람들이 첫발을 내딛도록 도와준 사람을 만났고 그들에게 감사했어요!

—— 그를 위해 우리가 발걸음을 내딛지 말고 그가 스스로 걸음을 내디딜 수 있도록 동행해주라는 건가요? (로이크)

맞습니다. 반대로 하면 온정주의가 되는 거예요. 타인을 위해 직접 걸음을 내딛는 것이 가장 나쁜 방법입니다. 출구를

*   그리스 신화에서 아테네 왕자 테세우스를 사랑한 미노스 왕의 딸 아리아 드네가 미로 속에서 헤매는 테세우스에게 건네준 실타래를 말한다. —옮긴이

제시하면 그건 독이 든 선물을 주는 것과 같아요! 진짜로 좋은 선물은 그 사람 손을 잡아주고 함께 걷고 그 사람 뒤에서 지켜보는 거예요.

——— **아기에게 하듯이 말이지요. 그러면 그가 걷기 시작하고 뛸 수 있게 될 거예요! (크리스티앙)**

——— **신은 왜 나를 집 없이 내버려두는 건가요? (폴란드의 빈자)**

왜 하느님이 당신을 집 없이 내버려두느냐고요? 신은 당신의 마음이 필요해요. 때로 기적이 일어나기도 하지만 신은 당신의 삶에 기적을 만드는 일을 하지 않아요. 신이 관심을 두는 건 우리 각자가 자신이 처한 상황에서 벗어날 해결책을 찾게 만드는 것이니까요. 신은 우리를 성인으로, 그리고 사람으로 대해요. 신은 우리를 과보호하지 않습니다.

왜 신이 집 없이 내버려두느냐는 질문으로 돌아가보지요. 왜냐고 묻는 질문들은 어려워요. 왜 가장 젊은 사람들이 고통을 받는 걸까요? 왜 아이들이 고통받을까요? 우리는 이유를 몰라요. 하지만 하느님에게 "어찌하여 당신은 나를 걱정하지 않고 나의 어린 아들을 걱정하시나요?"라고 물을 수는 없어요. 신에게 질문을 해야 하기는 하지만, 질문을 잘 해야 해요. 아이들은 자라면서 '왜냐고 묻는 나이'를 거치게 돼요. 모든 것에 대해 "왜? 아빠, 왜?"라고 묻지요.

아버지가 그 질문에 답하기 시작하면 아이는 그 말을 듣지 않고 또 다른 것을 물어요. 기본적으로 아이에게 중요한 것은 답이 아니에요. 불안감을 느껴 아버지의 관심을 끌고 싶은 거예요.

내 아버지에게 느꼈던 첫 실망감에 관해 얘기할게요. 내 기억으론 생애 최초의 실망감이었어요. 마치 어제 일 같군요. 대여섯 살 때였을 거예요. 편도선 수술을 받아야 해서 아버지가 나를 병원에 데려갔어요. 간호사가 나를 붙잡아 앉히고 움직이지 못하게 꽉 잡더니 가위로 치아 사이에 무언가를 끼워 입을 다물지 못하게 했어요. 컥! 지금도 생생하게 기억납니다. 사방으로 피가 튀었지요. 소리를 지르려는데 아이스크림을 줬어요. 아이스크림 때문에 고통을 다 잊었죠!

병원에서 나오자 아버지는 집에 가려고 택시를 불렀어요. 집 앞에 도착해 아버지가 택시 운전사에게 돈을 줬지요. 그때 깜짝 놀랐어요! 그런데 너무 아파 말을 할 수가 없었어요. 그리고 통증을 완화하기 위해 아이스크림을 먹어야 했어요. 이틀이 지나고 다시 말을 할 수 있게 되었을 때 아버지에게 처음으로 한 말은 "왜 택시 운전사에게 돈을 줬어요?"였지요. 아버지는 이유를 설명해주었어요. 믿을 수가 없었어요. "뭐라고요? 아버지 차가 아니었다고요?" 나는 아버지를 너무 이상화한 나머지 마을의 모든 차가 아버지 거라고 믿고 있었거든요. 그렇지 않다는 것을 알고 무척 실망했지요. 당시에는 너무 멍청했어요! 요즘 아이들은 훨씬 똑똑하지요.

이런 이상화는 여전히 많이 일어납니다. 비록 담에 귀를 기울이지는 않지만, 늘 아버지에게 '왜'라는 질문을 하고 답을 요구하지요. '왜'라는 질문에 대한 기도문을 만들어야 할 것 같아요. 어떤 이들은 "하느님에게 가끔 화를 내고 욕도 몇 마디 해요!"라고 말합니다. 이들이 이단으로 보일 수도 있겠지요. 하지만 하느님은 이런 사람들을 좋아한다고 생각합니다. 왜냐고요? 하느님에게 화를 낸다는 것은 하느님을 믿고 있다는 것이고 아버지처럼 대한다는 거니까요. 기도의 한 형태라고 볼 수 있어요.

─── 저희 아이들은 저녁에 숙제조차 할 수 없을 정도로

어두운 곳에 살아요. 그런데 수도로 통하는 길들은
왜 차가 없는 밤에도 불이 환하게 켜져 있을까요?
극빈 상태에 있거나 큰 어려움을 겪는 많은 사람이
이런 잘못된 부의 분배에 분노해요. 교황님은 이 질
문에 뭐라고 답하실 수 있나요? (태국의 카밀)

그들 말이 백번 천번 옳아요! 사회에서 가장 큰 죄는 부의 잘
못된 분배입니다. 얼마 전 국제노동기구 총회 참가자들에게
40분짜리 영상 메시지를 보냈는데, TV 방송에서도 이 메시
지를 내보냈어요. 나는 이 메시지에서 많은 것을 가진 사람들
에 대해 언급했고 "사유재산권은 모든 재화의 보편 분배를 목
적으로 하는 우선적인 권리에서 파생된 부차적 권리입니다"
라고 했어요. 이 말을 들은 많은 사람이 "어떻게 그런 말을 할
수 있나요?"라며 분개했지요.

내 대답은 분명합니다. 아주 명확하지요. 교황 바오로 6세
도 그렇게 말했고 교황 요한 바오로 2세와 교황 베네딕토 16
세도 그렇게 말했어요. 이제 내 차례가 되어 그렇게 말한 것
뿐이지요. 그건 가톨릭교회의 사회적 교리에 나오는 일부 내
용이에요. 부가 재화의 보편적인 분배로 이어지지 않는 단계
에 도달하면 사회 불평등이 나타납니다. 그렇게 되면 사유재

산권이 우위를 점해요. 하지만 사유재산권은 일차적 권리가 아니에요. 재화의 보편 분배를 목적으로 하는 우선적 권리에서 갈라져 나온 부차적 권리일 뿐이지요. 사유재산권은 일차적 권리와 조화를 이루어야 한다고 생각해요. 이 조화 없이는 어떤 것도 가치가 없어요. 이것이 핵심입니다.

오늘날 많은 대중이 부에서 소외되어 있어요. 대중이라는 단어를 좋아하지는 않지만, 이 문맥에서는 적절한 단어라 생각해서 사용합니다. 물도 없고 불도 없는 사람들이 있어요. 코로나라는 유행병이 돌기 시작한 이후 "비누를 칠해 물로 씻으세요!"라고 말들 하잖아요. 하지만 비누도 물도 없는 사람들은 어떻게 씻을까요? 개인적인 생각인데, 오늘날에는 대중의 움직임을 통해서만, 즉 소외된 대중이 활동을 시작하고 새로운 요구를 하고 새로운 형태의 일을 만들어내야만 사회적 해결책이 나올 수 있어요.

당신 말이 옳습니다. 바로 그게 현실이에요! 하늘을 향해 가난과 불의를 외치고 있는 현실. 이런 현실은 죄예요. 매우 심각한 죄입니다.

5장

"희망은 선물이에요"

—— 이란에 살고 있는데 세례를 받을 수 없어 못 받았어
요. 그래도 그리스도교인이라고 할 수 있을까요? 저
는 항상 기도하고 거의 매일 성경을 읽고 묵주를 돌
리지만, 성당에 가지도 못하고 주일 미사에 참석하
지도 못해요. 믿음을 더 깊게 하려면 무엇을 해야 할
까요? (이란의 수로시)

정치적·종교적 상황이 특별한 나라에서 살고 있는 당신을 잘
이해합니다. 세례를 받지는 않았지만 그리스도교인이 되고
싶다고 말하는 거군요. "세례를 줍니다"라고 답할게요. 세례
에는 물의 세례만 있는 게 아니에요. 욕망의 세례와 피의 세
례도 있어요. 피의 세례는 세례를 받지 못한 채 순교한 사람
에게 주는 세례예요. 욕망의 세례는 이런 거지요. 당신이 그
리스도교인이 되고 싶어 하면 이미 그리스도교인이라는 거
예요. 성례가 없었어도 이미 그리스도교인이 된 겁니다. 세

례를 받고 싶어도 받을 수 없는 사람들이 너무 많아요. 심지어 그리스도교로 개종하면 사형에 처하는 국가도 있어요.

———— 그리스도교 신앙을 가까이하고 싶어 하는 이란인들로부터 이런 질문을 많이 받았어요. 그 나라에는 그리스도교에 크게 기대하는 사람들이 있어요. (피에르)

———— 저는 그리스도교인이 아니고 그리스도교인이 될 건지도 아직 잘 모르겠어요. 복음서를 읽다 보면 예수가 결점 많은 제자에 둘러싸여 있다는 걸 알 수 있어요. 예수의 제자들도 예수가 살아서 전한 메시지를 믿지 않았는데 우리가 믿을 수 있다고 생각하는 것은 비현실적이지 않을까요? (프랑스의 시몽)

그들은 자기 방식대로 할 수 있는 만큼 믿었던 거예요. 하지만 잘못 믿은 거지요. 우리의 믿음은 항상 약하고 불완전합니다. 뭔가 시작부터 해야 해요. 우리는 때로 사리사욕을 가지고 믿어요. 몇몇 사도들도 사리사욕으로 믿었지요. 예수가 왕국을 건설할 때, 가장 중요한 자리인 예수의 오른편과 왼편에 자신들을 앉혀달라고 요청했던 야고보와 요한을 떠올려

보세요. 믿음과 사리사욕은 아주 빈번히 섞이는데, 오늘날 그런 사제들, 주교들, 신자들이 있듯이 사도들도 그랬어요. 하느님에게 나아가는 길은 결점들로 포장되어 있어요. 중요한 것은 하느님과 함께 나아가고, 용서를 구하고 죄를 고백하면서도 계속 앞으로 나아가는 겁니다.

——— 희망은 어디서 찾을 수 있을까요? (폴란드의 빈자)

희망은 선물이고 은혜예요. 기도하고 일하고 타인에게 기부함으로써 이 선물에 마음을 열어야 합니다. 프랑스 작가 샤를 페기는 "가장 작고 가장 미미한 미덕이 희망이다"라고 말했어요. 희망은 사라지니까요. 바오로 사도는 믿음, 희망, 자선 중에서 자선만이 없어지지 않고 남을 거라고 했어요. 희망은 작은 미덕이고 일상의 미덕이지요. 희망은 원하면 가질 수 있지만 노력이 필요해요. 그래요, 노력해야 해요. 이 미미하고 작은 미덕이 주는 풍요로움을 알아야 해요. 우리는 이 미덕을 키워나가야 해요.

——— 교황님에게 기도는 얼마나 중요한가요? (브라질의 엘라니)

내 삶에서 기도는 모든 것의 중심이지요! 기도하지 않으면 처신을 잘 할 수가 없어요. 기도할 때, 나를 하느님의 손에 맡긴 채 조용히 그분의 말을 들으면 모든 것이 조화를 찾아요. 기도는 내 삶을 조화롭게 해요.

기도를 하지 못할 때도 있어요. 안타깝게도 교황 역시 기도 생활이 위태로워지곤 하니까요. 예컨대 일정이 빡빡해 너무 바쁘고 할 일이 많으면 상황이 여의치 않아 기도를 못 할 때가 있어요. 이런 경우 몸은 더 편하지만 덜 유익해요. 내 안에서나 밖에서나 삶이 열매를 맺지 못하거든요. 마치 내가 조금씩 메말라가는 것 같아요. 그래서 항상 기도할 시간을 가지려고 노력합니다. 내게 부과된 일 때문에 기도하지 않을 좋은 핑계가 종종 생기지만 기도는 성직자로서, 그리고 교황으로서 해야 할 가장 중요한 일이에요. 일보다 더 중요하죠. 한마디로 기도하지 않으면 일이 잘되지 않아요.

───── 신이 교황님에게 말을 하시나요? 만약 그렇다면 신이 뭐라고 하시나요? (아이티의 파트리스 로랑)

신이 말씀을 하시지요. 어떤 언어로 하느냐고요? 프랑스어, 스페인어, 아니면 이탈리아어일까요? 그건 모르겠습니다. 주님은 마음을 어루만지고 마음에다가 말합니다. 내가 경험한 거지요. 어떤 일에 대해 깨우쳐달라고 하느님에게 부탁하면 하느님은 침묵합니다. 그런데 갑자기 어떤 생각이 떠올라요. 하느님은 평범한 언어로 말해요. 내게 하느님이 모습을 드러낸 적은 없어요. 그런 경험은 없지만, 하느님에게 무언가를 요청하면 얼마 후에 길을 안내해주신 경험은 있어요. 하느님은 항상 자신의 방식으로 답을 줍니다.

—— 하늘에서 하느님이 교황님에게 말하는 목소리가 들리나요? (크리스티앙)

아니요. 들리지는 않아요.

—— 일곱 살짜리 아들이 있어요. 이름은 프랑수아이고 교황님이 교황으로 선출되신 직후 태어났죠. 아들이 얼마 전에 "아빠, 기도할 때 내 상상이 아니라 하느님이 진짜로 나에게 말하고 있다는 것을 어떻게 확신할 수 있어요?"라고 물었어요. (피에르)

둘 다 일어날 수 있어요. 하느님은 수천 가지 방식으로, 즉 마음으로, 영혼으로, 또는 다른 방법으로 말합니다. 특히 마음의 평화를 통해 말을 하지요. 내 상상이 아니란 걸 어떻게 아느냐고요? 가장 명확한 답은 효과를 통해 나옵니다. 만약 신이 당신에게 뭔가를 느끼게 하고 그것이 당신을 일하고 행동하게 만들면 그게 바로 답인 거예요! 만약 당신이 나아가지 않고 같은 곳을 맴돌고 있다면 그건 아닌 거죠!(웃음) 일곱 살 먹은 아들이 이런 질문을 했다면 마음의 준비를 해야 해요. 믿음에 위기가 닥칠 수도 있어요!

——— **신의 목소리를 듣는 사람들에게는 뭐라고 얘기하실 건가요? (크리스티앙)**

그걸 다른 사람들에게 알리고 "신의 목소리를 들었는데 어떻게 생각해요?"라고 물으라고 하고 싶습니다. 그리고 하느님의 음성을 아는 사람이 그 음성이 하느님에게서 온 것인지 아닌지 분별하도록 도와주면 좋겠습니다.

——— **어떤 기도를 좋아하시나요? (아이티의 줄리앙)**

때에 따라 달라요. 묵주 기도를 주로 하고 종종 다른 기도에 관심을 가지기도 해요. 가끔은 주님 앞에서 침묵하는 고요한 기도를 하는데, 도움이 됩니다. 때로는 성경을 들고 시편을 낭송하며 음미하기도 하고 성경 속 이야기에 열중하기도 하지요. 요컨대, 때에 따라 기도가 다르고 모든 기도를 좋아해요. 기도를 하고 그 맛을 알게 되면 아이가 아이스크림을 한 개를 먹고 나서 하나 더 달라고 하고 다시 또 달라고 하는 것처럼 되지요.

——— **그럼 그건 명상인가요, 기도인가요? (디아나)**

명상일 때도 있어요. 하지만 명상은 거의 하지 않아요. 기도하면서 말하고 느끼는 경향이 있어요. 젊었을 때는 명상을 더 많이 하기도 했지요. 지금은 그렇지 않아요. 그리고 이제 성경을 읽어요. 성경을 통해 감동을 받고 그 힘으로 앞으로 나아가는 거지요.

——— **교황님이 말하는 명상은 요즘 전 세계적으로 유행하는 요가 같은 명상과 어떻게 다른가요? (시빌)**

명상 방식은 다양해요. 그리스도교의 경우, 가장 전통적인 명상은 성경을 읽고 나서 그 내용이 주는 메시지가 어떤 것이고 의미는 무엇인지를 생각하는 겁니다. 솔직히 말해서 다른 명상은 몰라요. 여러 명상이 있다는 것은 알지만 개인적으로 해본 적은 없어요. 무언가를 읽고 난 후 마음에 새겨진 메시지를 가지고 하느님 앞에 머물 때 명상의 성격을 띤 어떤 것이 일어나고 주님과의 대화가 가능해져요. 단순히 명상만은 아닌 거지요. 모든 것은 그것만의 가치가 있어요.

기도할 때 몸도 중요합니다. 잘 맞는 자세를 해야 해요. 앉거나 무릎을 꿇거나 해야 하지요. 둘 중 어느 자세를 해도 괜찮아요. 기도는 몸과 함께 하는 거예요.

——— **명상도 마찬가지죠. 아닌가요?** (디아나)

오늘날 정말 많은 종류의 명상이 있어요. 자기 마음에 중심을 두는 마음 챙김 명상이 있지요. 그건 내가 하는 그리스도교적인 전통 명상법과는 달라요. 내가 하는 명상은 복음서 한 구절을 읽고 성찰을 좀 하고 '살아가자!' 하고 다짐하는 겁니다.

——— **교황님이 가장 좋아하는 성인은 누구인가요?** (필리핀의 로사우르)

소화小花 테레사*를 좋아합니다.

---

*   리지외의 테레사. 19세기 말에 활동했던 프랑스 수녀.—옮긴이

—— 저희 중에 프랑스인들이 있어서 그렇게 말씀하신
　　　 건가요? (로이크)

전혀 아닙니다! 내 방에 가면 소화 테레사와 연관된 물건들이
많아요.

—— 부활을 할 수 있으려면 몇 번이나 기도해야 할까요?
　　　 (멕시코의 이프산)

이 질문을 한 젊은이는 무슬림일 수도 있겠군요. 무슬림은 같
은 날에 일정한 횟수로 기도하니까요. 나는 기도할 여건이 될
때마다, 하느님이 부르실 때마다 기도하는 것이 좋다고 생각
해요. 성당에서는 공식적으로 아침 6시, 낮 12시, 저녁 6시에
기도를 합니다. '전통적으로' 바치는 삼종기도이지요. 주로
아침과 저녁에 기도를 많이 하고 낮에는 적게 해요. 하지만
늘 그런 건 아니에요. 기도에서 중요한 건 자유예요. '기도해
야 해'가 아니고 '기도하고 싶어'가 되어야 해요.

—— 어떻게 기도해야 할까요? (헤수스)

음, 하고 싶은 대로 하면 돼요! 다만 확실한 건 마음을 가지고
해야 한다는 겁니다. 기도는 하느님과 이야기하는 거예요.

아버지와 이야기하는 거지요. 그러니까 할 수 있는 방식으로 기도가 하고 싶을 때 하면 되는 거예요. 하느님은 모든 언어, 즉 마음의 언어와 영혼의 언어를 모두 들으니까요.

─── **마음이 저희에게 기도하라고 할 때 하면 되는 거지요?** (리카르도)

그래요. 하지만 게으른 마음도 있다는 걸 잊지 마세요. 게으른 마음은 절대 기도를 하려고 하지 않을 테니까요! 마음이 말하는 것을 따르되 약간의 신앙심도 보태져야 하지요.

─── **기도에 어떤 철학이 있나요? 하느님이 미래를 알고 우리에게 좋은 일이 생기도록 필요한 것을 행한다면 기도가 무슨 필요가 있을까요?** (이란의 야신)

신은 우리를 알아요. 우리가 무엇을 필요로 하는지 알고 있어요. 하지만 우리는 신이 필요해요. 기도는 이 필요를 받아들이고 하느님에게 요청하는 방식이죠. 우리는 걸인이에요. 걸인이 되는 것을 배우지 않는다면 장난감이나 다른 멋진 선물을 받고도 감사할 줄 모르는 버릇없는 아이로 남을 겁니다.

하느님은 모든 것을 알아요. 그러나 하느님은 아버지예요.

좋은 아버지가 그러하듯이 우리에게 준 것에 대해 우리가 책임지기를 바랍니다. 요구하지 않아도 모든 것을 해주리라는 것을 알고서 아버지에게 아무것도 요구하지 않는다면 그건 잘하는 게 아니에요. 아들과의 대화가 필요한 아버지는 행복하지 않아요. 하지만 대화는 요청해야 이루어져요. 기도를 계속해서 아버지인 하느님에게 우리가 어떻게 지내는지, 우리에게 무슨 일이 일어나고 있는지를 말해야 해요. 기도는 결코 부탁만 하기 위한 것이 아니고 아버지와 대화를 나누기 위한 거예요. 우리를 향한 아버지의 사랑과 아버지를 향한 우리의 사랑에 관한 대화를 나누는 거지요. 아버지를 향한 사랑이 있든 없든 사랑에 관해 대화를 나누는 거예요.

때로는 방탕한 아들이 "아버지, 제가 하늘과 아버지에게 죄를 지었어요"라고 말하기 위해서 기도할 수도 있어요. 죄인인 우리가 하느님에게 다가가 용서를 구하면 마치 하느님이 우리 입에 손을 얹고 더는 말하지 말라고 하는 듯이 느껴져요. 이것이 기도의 아름다움이지요. 탕자의 비유*를 이야기할게요. 집으로 돌아온 탕자가 아버지에게 다가가 마음먹은 말을

*　　　　루카 복음서 15장 11-32절

하려는데, 아버지는 마치 '너를 기다렸다. 무슨 일이 있었던 게냐. 왜 이렇게 오랫동안 오지 않았니? 네게 필요한 것이 무엇인지 안다. 이제 우리 둘 이야기만 하자'라고 말하는 듯이 아무 말도 못 하게 아들을 끌어안았어요.

——— **그런데 교황님도 아버지*잖아요, 아닌가요?** (헤수스)
확실히 한 번 이상은 아버지였습니다. 아버지라고 느꼈던 때가 있기는 했지요. (웃음)

——— **성모 마리아는 교황님의 삶에서 어떤 자리를 차지하고 있나요?** (이라크의 사이다)
중요한, 아주 중요한 자리를 차지하고 있지요. 교황이 되고 나서 낸 첫 책은 그간 했던 인터뷰를 정리한 것인데 그 책에 마음속에 있는 걸 전부 다 털어놓았어요. 책 제목은 『나의 어머니입니다』**예요. 아들이 어머니에게 하듯이 성모 마리아

---

* 오늘날 교황을 '파파Papa'로 부르는데, 라틴어에서 유래했고 '아버지'를 뜻한다. —옮긴이

** 교황이 되기 전 베르골리오 추기경이었을 당시 했던 인터뷰들이 실려 있다. 원제는 『나의 어머니입니다』인데 프랑스에서는 『나는 마리아에게 경의를 표한다』(Montrouge, Bayard, 2019)라는 제목으로 출간되었다.

에게 말하고, 예수에게 많은 것을 말해달라고 부탁도 했지요.
성모 마리아는 내 삶에서 매우 중요한 분입니다.

───── 성모 마리아가 매듭을 풀까요? (시빌)

매듭을 푸는 성모 마리아 이야기를 알고 있나요? 바로크 시
대 말이었던 1700년경 독일 바이에른에 살았던 화가* 이야기
를 해보겠습니다. 그 화가는 가톨릭 신자였고 그의 아내도 같
은 신자였는데 두 사람은 끊임없이 다투었어요. 화가는 매우
독실한 신자여서 종종 성모 마리아에게 은총을 조금 베풀어
달라고 부탁했습니다. 그는 책을 많이 읽었는데 어느 날 책에
서 "이브가 불신앙으로 묶은 불복종의 매듭을 마리아가 신앙
과 복종으로 풀었다"라는 문장을 발견했어요. 이 문장은 리옹
의 이레네우스가 230년에 쓴 겁니다. 그는 이 문장에서 영감
을 얻어 '성모 마리아가 매듭을 푸는 모습을 그려야겠다' 하고
혼잣말을 했어요. 그러고는 성모 마리아에게 아내와의 다툼
이라는 매듭을 풀 수 있는 은혜를 베풀어달라고 부탁했지요.
이런 연유로 그는 〈매듭을 푸는 성모 마리아〉 그림 하단에

* 요한 게오르크 멜키오르 슈미트너(1625-1705)

"희망은 선물이에요."

115

대천사 라파엘이 토비아를 그의 아내가 될 사람에게 인도하는 모습*을 그려 넣게 되었습니다.

기록이 잘 남아 있는 속편을 보면 이 화가가 요청한 은혜를 성모 마리아가 베풀었다고 나와 있습니다. 화가는 이 그림을 완성하고 나서 아내와의 관계가 완전히 달라졌다고 합니다. 이야기는 여기까지예요.

——— 아! 아내를 위해 그 그림을 사진으로 찍어야겠어요! (로이크)

교회에 관한 교의 헌장인 「열국의 빛」에 성모 마리아에 대해 논하는 장이 있는데, 제2차 바티칸 공의회가 "이브가 불신앙으로 묶은 불복종의 매듭을 마리아가 신앙과 복종으로 풀었다"라는 구절을 이 장에 넣었습니다.

——— 교황님은 주님과 소통하고 있으니 언제 죽음을 맞이할지, 그리고 제가 언제 죽을지 알 수 있나요? (인도의 군자)

* 토빗기 3장 17절 참고.

가끔 몸이 안 좋아진 느낌이 들 때 우리는 죽음을 직감하지요. 이상하게 짐승에게도 이런 직감이 있습니다. 자신이 죽으리란 걸 느끼고 아무도 없는 곳에 가서 몰래 죽는 동물들도 있지요. 우리 본능은 이보다 훨씬 덜 발달되어 있어요. 영혼이 한층 더 발달했지요. 주님은 가끔 우리에게 신호를 보내줍니다. 예컨대 나는 이제 인생의 끝자락에 와 있다고 느낍니다. 리듬이 달라요.

—— **실제로 뭐가 달라진 게 있나요?** (헤수스)

그렇지는 않습니다. 음악만 달라졌어요. 마음에 드는 음악이 바뀌었지요. 음악이 이제 당신은 84세, 곧 85세라고 말해줍니다. 이건 일종의 큰 기쁨이에요. (웃음) 삶의 기쁨을 누릴 때가 된 거지요. 그런데 이 모든 것은 무의식적으로 일어납니다. 알아채지 못하는 사이에 리듬이 바뀌어 있어요. 내 나이가 되면 몸이 반응하지 않아 축구를 하고 싶지 않듯이 정신도 그렇습니다. 리듬은 정신과 관련이 있지요. 정신과 영혼이 내가 마지막 순간에 와 있음을 인식하게 해줘요. 그래서 기도에 몰두하게 됩니다.

——— 언젠가 사탄이 가톨릭으로 개종하여 악을 영원히 종식할 수 있을까요? 불안정한 상황에서 살아가는 많은 사람이 악 때문에 고통받고 그 때문에 심리적으로도 불안정해져 악의 문제와 궁극적인 진리를 추구하는 데 빠져 있어요. 이들의 불안에 어떻게 대처할 수 있을까요? 정신적 싸움과 영적 싸움을 어떻게 구별할 수 있을까요? (크리스티앙)

그건 신비학의 영역입니다. 그리스도교와 일부 교리를 공유하는 부두교 문화와 연관이 있는 질문이에요. 다른 나라에서도 비슷한 일이 일어납니다. 많은 가톨릭 신자들이 미사에 참석하고 고해성사를 하고 나서 주술사를 찾아가지요. 그걸 뭐라고 부르던가? 아무튼 그들은 칸돔블레*에 가서 손금을 읽는 사람들과 상담을 해요.

——— 여기 유럽에도 있어요. 많은 기독교인과 가톨릭 신자가 미사 끝나고 손금을 보러 가요. 먼 곳에서만 일

* 노예 신분으로 브라질로 건너온 아프리카인들의 종교, 또는 그 종교 의식이 이루어지는 곳.—옮긴이

어나는 일이 아니에요. (헤수스)

맞는 말입니다. 그런 현상이 더 강하게, 더 밀집되어 나타나는 곳들이 있어요. 아이티의 부두교처럼 말이지요. 그런 곳에서는 아프리카의 영향력이 아주 크고 이런 현상이 더 잘 일어난다는 것을 잊지 말아야 합니다.

악마가 개종할 수 있는지를 묻는 질문에 대해서는, 음⋯⋯ 나도 몰라요!(웃음) 악마는 오만하고 예측이 어려운 존재잖아요. 정신적인 어려움으로 고통받고 궁극적인 진실에 관한 불안이 아주 큰 사람들이 주로 이런 질문을 한다는 것을 유념해야 합니다. 이렇게 특수한 상황에서는 종말론에 해당하는 모든 것들이 더욱 득세하지요.

────   다른 질문이 있어요. 정신질환자와 악마에 사로잡힌 주술사를 구별할 방법이 있나요? (크리스티앙)

없어요. 사실 나도 잘 모릅니다. 구마驅魔 담당 사제들이 잘 알지요. 크로아티아 출신 성인인 부에노스아이레스 대교구 구마 사제가 나의 고해 신부였어요. 처음 알게 되었을 때 그는 나이가 많았어요. 그는 주교들이 귀신이 들렸다며 보낸 사람 중에 실제로는 두 사람만 악령에 씌어 있었다고 내게 말해줬어요. 나머지 사람들은 악마의 영향을 받은 듯했지만 실제로는 악령에 쒼 것이 아니었고 정신 장애이거나 악마 강박증이었다고 합니다.

———— **저는 문제가 많아요. 상황이 나아지게 해달라고 주님께 기도하고 또 기도했어요. 기도를 많이 했는데도 주님은 어머니를 데려갔어요. 신에게 화가 나요. 이것이 죄악일까요?** (미얀마의 B.)

하느님에게 화를 내는 것은 죄가 아닙니다. 앞서 말했다시피 그것은 아이가 아버지에게 화를 내는 것과 같고 기도의 한 방법이에요. 아버지를 부르는 방법인 거지요. 하지만 신성모독은 죄악이에요. 이탈리아에서는 신성모독 행위가 자주 일어납니다. 프랑스도 비슷한지 모르겠군요.

———— **신성모독이 뭔가요? 신을 모욕하는 건가요?** (헤수스)

스페인에는 신을 모욕하는 말이 많아요. 자신이 신성모독을 하고 있다고 말하는 사람이 있으면 나는 "왜 그렇게 하시나요?"라고 물어봅니다. 보통은 신을 모욕하는 것이 아니라 숨을 쉬려는 것이거든요. 그래서 "모독은 죄악이지만 욕은 죄가 되지 않습니다. 원한다면 욕을 가르쳐줄 수도 있어요!"라고 말해줍니다.(웃음) 대다수 사람은 정말로 신을 모독하고 싶은 게 아니고 습관 때문에 그러는 거예요. 호흡을 회복하는 것은 중요합니다. 그건 아주 멋진 일이지요.

아버지는 자식이 내뱉은 말에 결코 기분 상하지 않아요. 다툼이 있을 수는 있어요. 특히 청소년기에 그런 일이 일어나지요. 그래도 자식은 자식인 거예요. 어린아이가 아버지를 모욕하는 일은 거의 없겠지만, 격렬히 반항하고 아버지를 꼰대라 여기고 자신을 이해해주지 않는다고 하고 아버지의 존재를 느낄 수 없다며 비난하는 경우가 생기고는 하지요. 사실 아주 흔하게 일어나는 일이에요. 부모는 이런 반항의 시기를 겪는 자녀와 동행하는 방법을 하느님에게 묻는 지혜를 가져야 합니다. 다시 말하지만, 우리 형제들이 하느님에게 반항하는 것은, 모욕이 아니라 진짜 반항하는 거예요. 그래서 그들과 동행하는 방법을 깨달을 수 있는 은혜를 달라고 요청하는 것이 우리 모두의 지혜이지요. 나는 그런 행동이 기도의 한 방법이라고 생각합니다.

—— 하느님에 대한 믿음이 식거나 약해지지 않으려면

어떻게 해야 할까요? (아르메니아의 아람)

좋은 일을 하고 남을 위해 선행을 하려고 노력해야 하지요. 그리고 하느님과 친숙하게 대화를 나눠야지요. 기도하거나 성경을 읽거나 남을 도울 수 있는 영적 활동을 하면 됩니다. 그런데 가장 중요한 건 하느님에게 말을 걸고 하느님을 찾는 거예요. 하느님이 침묵하면 "왜 그렇게 침묵하시나요?"라고 말해보세요. 신이 가끔 숨거든요.

─── **이 땅에서 십자가를 기꺼이 짊어지면 하늘에 가서 더 행복할까요? (레바논의 돌리)**

십자가의 신비는 열린 문의 신비라고 할 수 있습니다. 십자가가 문을 열어 세상을 구하고 마음을 바꾸고 모든 이의 삶이 최악에서 최상으로 변할 가능성을 만들어주지요. 하늘에서 느끼는 기쁨이 어느 정도인지는 몰라요. 내게는 '천국의 온도계'가 없거든요. 그래서 하늘에서 느끼는 기쁨의 온도를 알 수는 없어요. 하지만 기꺼이 십자가를 짊어지는 것은 사랑의 한 형태라고 믿습니다. 여기서처럼 천국의 사랑도 그럴 거예요. 더 많이 사랑할수록 우리의 기쁨은 더 커질 거라는 얘기지요. 만약 당신이 많이 사랑했다면 천국에서도 많은 사랑을 누리게 될 겁니다. 반대라면 당신이 준 사랑 정도만 받게 되겠지요. 하지만 이 신비는 헤아리기 어렵습니다. 사도 바오로가 "저 위에서 무슨 일이 일어나고 있는지 눈으로 보지도, 귀로 듣지도 못했다"*라고 말했어요. 그렇지만 나는 사랑의 척도가 기쁨의 척도라고 생각합니다.

——— **주교는 항상 평화로울 것을 요구하지만 저희 가족은 평화롭지 못해요. 불행해요. 어떻게 하면 저희 가족에게 평화와 기쁨이 깃들 수 있을까요? (인도의 셀리나)**

평화와 평온을 혼동하면 안 된다고 답하겠습니다. (웃음) 이 둘을 혼동하는 건 잘못이에요. 평화는 내면의 조화이고 때로는 십자가를 함께 짊어지고 다녀야 합니다. 오늘의 평화는 당신이 가져오는 거예요. 내일은 다를 수도 있지요. 평화는 파티를 즐기는 것 즉 스페인어로 '파사르 라 비엔좋은 시간 보내다'이 아닙니다. 평화는 당신에게 내적 일관성, 다시 말해 그리스도

---

*   코린토 1서 1장 9절. "기록된바 하느님이 자기를 사랑하는 자들을 위하여 예비하신 모든 것은 눈으로 보지 못하고 귀로도 듣지 못하고 사람의 마음으로도 생각지 못하였다 함과 같으니라."

교적 삶을 열어주는 것입니다.

당신 가족에게 기쁨과 평화가 깃들려면 이 내적 일관성에서 출발해야 합니다. 내적 일관성을 먼저 찾아야 해요. 이것을 출발점으로 삼으면 매 순간 평화로울 수 있는 가장 좋은 방법에 대해 성령이 영감을 줍니다. 영감을 받는 비결은 따로 없어요. 성령이 당신 안의 늘 창의적인 성전에 임하도록 하면 되지요. 성령은 시인이니까요. 성령이 당신 안에 임하면 평화의 길을 보여줄 겁니다. 이제 이 모든 것이 '평온'과는 일치하지 않는다는 걸 알 수 있겠지요.

——— 테레사 수녀의 "침묵의 열매는 기도이고 기도의 열
매는 믿음"이라는 말에 동의하시나요? (피에르)
네. 전적으로 동의합니다.

——— 저는 신을 믿지 않아요. 하느님 앞에 가면 저를 나쁜
사람으로 볼까요? (인도의 아캉크샤)
물론 아니지요. 하느님은 두 팔 벌려 환영할 겁니다. 당신이 깜짝 놀라면 그 모습을 보고 즐거워하겠지요! 그리고 "중요한 건 믿느냐 안 믿느냐가 아니고 네가 지금 나와 함께 있는 것

이니라"라고 말할 겁니다.

—— 네. 저도 그렇게 생각해요. 하느님을 믿지 않으면 삶이 매우 힘들 거예요! 믿음이 있어도 삶은 쉽지 않은데 믿음이 없으면……. (헤수스)

—— 하느님과 성모 마리아의 존재가 의심스러워요. 저희 말을 듣고 있다는 느낌이 안 들어요. 저희를 보고 있고 말을 듣고 있다는 걸 어떻게 알 수 있나요? (아이티의 파비앙)

어떤 것에 더 관심이 있나요? 하느님과 성모 마리아가 당신을 보고 당신 말을 듣고 있다는 걸 아는 건가요, 아니면 실제로 그렇게 되는 건가요? 당신이 하느님과의 관계를 통제하려는 유혹에 빠지는 것 같아 이런 질문을 하는 거예요. 마리아와 하느님이 당신을 보고 당신 말을 듣는 것이 중요합니다. 그러려면 그분들에게 말을 걸고 믿음을 보여야 해요. 그러다 보면 어느 날 당신을 보고 있고 당신 말을 듣고 있다는 것을 알게 되지요. '냉담한' 상태에서는 알 수 없어요. 오직 믿음을 체험할 때에만 알 수 있습니다.

───── 어떻게 하면 하느님이 저희의 굳어버린 마음을 어
　　　루만지고 그 안으로 들어오게 할 수 있을까요? (아르
　　　메니아의 타기)

하느님은 굳어버린 마음 안에 침투하는 능력을 가지고 있습
니다. 아버지니까요. 신은 마음으로 들어가면서 마음을 파괴
하지는 않아요. 신은 어떤 마음도 파괴하지 않아요.

───── 하느님은 본래 저희 마음 안에 있는 게 아닌가요?
　　　(로이크)

맞아요. 신은 마음 안에 있어요. 거기 있지요. 어떻게 아느냐
고요? 다시 말하지만, 이것은 이해가 아닌 체험을 통해서만 알
수 있어요. 진실은 하느님이 우리 마음 안에 거하고 있다는 것
입니다. 믿음을 통해 하느님이 거기 거한다는 걸 알게 돼요.
하지만 그걸 체험해야 합니다. 오직 기도하고 행동하고, 도움
을 받아 마음을 하느님에게 열어야만 체험할 수 있어요.

───── 눈물로는요? (시빌)

눈물은 가장 아름다운 길에 속합니다. 하느님 앞에서 눈물을
흘리는 것이지요. 눈물의 은혜에 대해서는 이미 언급했어요.

모든 사람은 신비입니다. 지극히 거룩한 삼위일체의 신비와
마찬가지로요. 사람은 신비이고 우리 각자의 마음은 또 다른
신비이지요. 이 신비는 각자의 역사, 체험, 아픔, 고통, 욕망
에서 나옵니다. 이런 모든 것이 사랑하거나 사랑하지 않거나
덜 사랑하게 만들지요.

복음서에 기록된 막달라 마리아를 생각해보세요. 마리아
는 죄인이었습니다. 겉으로만 보면 큰 죄인이었지요. 돈이
많았던 그녀는 예수의 발에 매우 비싼 향유를 부어주었어요.
그러자 예수가 그녀에게 "그대 죄를 용서하노라"라고 했습니
다. 이 말을 듣고 사람들이 수군거렸어요. 예수는 "이 여자는
이토록 극진한 사랑을 보였으니 그만큼 많은 죄를 용서받았
느니라"라고 말했어요. 예수와 한 식탁에 앉아 있던 사람들이
"저 사람은 매춘부인데 어떻게 사랑을 할 수 있습니까?"라며
반박했지요.* 물론 그럴 수 있습니다. 하지만 마리아는 그 불
안정한 삶의 길 너머로 순수하고 깨끗한 사랑을 찾으려 했고

---

*   루카 복음서 7장 36-49절

실제로 노력했어요. 예수를 만난 마리아는 사랑을 보여주려고 자신의 전 재산을 써버렸습니다. 정말 멋지지요.

───── **예수만 그걸 알아차릴 수 있나요? (헤수스)**

그렇지요. 유다가 예수에게 말했어요. "그녀는 이 모든 돈을 가난한 자들에게 줄 수도 있었을 텐데요……."* 예수는 동의하면서도 "가난한 자들은 항상 우리와 함께하느니라"**라고 했어요. 교회는 가난한 자들을 위해 존재합니다. 다른 사람들도 화가 나서 "저런 삶을 산 여자를! 어떻게 예수는 저런 여자를 용서할 수 있는 걸까요?"라고 했지요. 예수는 마리아를 용서했어요. 재차 얘기하지만, 기구한 삶 속에서도 그녀는 진정한 사랑을 찾았으니까요. 우리는 진정한 사랑을 추구하는 사람들을 절대 비난해서는 안 됩니다. 그들이 올바르게 나아갈 수 있도록 도와야 해요. 주님을 찾아 각자 자기 길을 갈 수 있도록 해줘야 해요. 그 사람들은 주님을 찾아 이리저리 돌아다니지요. 그들과 동행해야 해요. 만약 길을 잘못 찾으면 알

* 　요한 복음서 12장 4-5절
** 　요한 복음서 12장 8절

려주고 도와줘야 합니다. 비난하지 말아야 해요. 비난할 수 있는 사람은 오직 주님뿐입니다. 주님이 심판의 날에 알아서 하실 겁니다. 주님 대신에 그 일을 하지 마세요.

굳고 닫히고 들으려 하지 않는 마음들이 있는 건 사실이에요. 죄를 지어온 사람들도 있죠(교황은 죄지은 자의 모습을 흉내 낸다). 예를 들자면, 마음이 괴로워 예수가 자신이 살고 있는 여리고로 들어가는 것을 보려고 나무에 오르는 부자 자캐오*가 그랬어요. 도둑, 착취자, 사기꾼, 배신자였던 자캐오는 불안한 마음으로 신을 찾았고 결국 신을 발견했어요. 복음서에서 자캐오에 대해 언급하는 것이 우연은 아닌 거지요.

───── **성덕에 어떻게 이를 수 있나요?** (필리핀의 마리엘레)
'아시밀'이라는 외국어 학습 교재 시리즈가 떠오르는군요. 서른 개 강좌로 프랑스어 배우기.(웃음) 나는 독일어도 그렇게 공부하기 시작했어요. 이 교재로 새로운 언어의 문을 연 거지요. 성덕에 어떻게 이르냐고요? 음, 일단 성스러워지고 싶어 해야 해요! 그게 기본이에요. 그러고 나서 하느님이 당신을

*　　　　루카 복음서 19장 1-10절

성스럽게 만드는 것을 지켜봐야 합니다. 성덕을 가르치는 교육은 아직 없어요. '아시밀' 시리즈에서 이 주제는 전혀 다루지 않아요. (웃음)

———— **저희 곁에 천사가 있다는 게 사실인가요?** (필리핀의 킴 클레이드)

있다고 생각합니다. 성서의 아주 오랜 이야기에도 수호천사가 등장해요. 토비아가 결혼하려고 할 때 대천사가 그를 동행했듯이* 천사는 우리 각자와 동행하고 있습니다.

———— **교황님의 수호천사 이름을 알고 계시나요?** (로이크)

아니요. 하지만 알고 싶군요. 아름다운 기도문이 있는데 들려주겠습니다.

> 하느님의 천사는 나의 수호천사
>
> 영원한 믿음이 나를 당신에게로 이끌었어요.
>
> 나를 돕고, 나를 구하고, 나를 영생에 이르게 해줘요.

*　　　　토빗기 3장 17절

——— 저는 이 천사를 보이지 않는 내 친구라고 불러요.
(리카르도)

그래요. 그렇게 부르는 사람들이 있지요. 나는 수호천사를 믿어요. 어릴 적에 이런 기도문을 배웠지요.

수호천사

감미로운 나와의 동행

밤이든 낮이든 날 떠나지 말아요.

내가 예수와 성모 마리아의 품에 안기기 전에는.

이탈리아 피에몬테와 가까운, 현재는 프랑스 땅이 된 사부아에 피에르 파브르 신부*가 살았어요. 미래의 예수회 신자들이 파리에서 공부할 때 파브르 신부는 그들 중 유일한 사제였어요. 당시 이그나티우스 데 로욜라**는 아직 사제가 아니었지요. 파브르는 자신의 수호천사는 물론이고 다른 사람들의 천사와도 마음으로 이야기를 나누는 데 관심이 많았어요.

*   예수회 공동 창립자—옮긴이
**   예수회 공동 창립자—옮긴이

그때는 개신교 종교개혁이 일어난 시기였지요. 그는 누군가를 맞이할 때도 그 사람을 돌보는 수호천사를 향해 인사했고, 그 천사가 또 다른 사람의 천사와 이야기를 나누도록 하여 대화의 장을 만들어갔다고 합니다. 아름다운 일이지요.

───── **영원으로 가면 제 삶이 바뀔까요? (멕시코의 에드가)**

네. 사도 바오로가 테살로니카 신자들에게 보낸 편지에서, 첫 번째 편지 같습니다만, "우리는 모두 바뀔 것입니다"*라고 말했어요. 우리는 같을 것이고 같은 몸이겠지만 영적인 몸을 지닐 거라는 얘기지요. 더는 육신을 가질 수 없게 되는 겁니다.

바오로는 "우리는 주님과 함께할 것입니다"라는 아름다운 말로 끝을 맺어요. 영원은 어떻게 오느냐고요? 언제 세상의 종말이 오느냐고요? 우리 모두 바뀔 거냐고요? 우리는 주님과 함께할 거예요. 그게 큰 변화인 겁니다. 여러분도 잘 아는 헨델의 〈메시아〉를 들으면 그런 생각이 듭니다. 부활의 순간에 들려오는 그 유명한 '할렐루야' 합창 말이에요. 우리 모두 잘 아는 곡이지요. 합창이 끝나자마자 소프라노가 아주 부

---

*   테살로니카 신자들에게 보낸 첫 번째 서간 4장 13-18절

드러운 목소리로 "내 주는 살아 계시니"라고 노래하잖아요. 이 가사가, 이 노래가 영생을 떠올려줍니다. 주님과 함께한다는 것이 어떤 것인지를 말해주지요. 바오로의 말을 통해 이 세상의 모든 혼란이 끝나면 무슨 일이 일어날지를 알 수 있습니다.

——— 더는 육적인 몸을 갖지 않을 거라는 건가요? (디아나)

같은 몸을 지니지만 바뀔 거라는 거지요. 다시 말하면, 더는 화장이 필요 없어진다는 거예요!(웃음)

——— 예수가 오늘 다시 온다면 어떤 주제를 다룰 거라고 생각하시나요? (레바논의 돌리)

늘 같은 주제이지요! 일상적인 주제들 말이에요. 예수는 일상에 관한 일들을 이야기합니다. 그는 궤변을 늘어놓는 소피스트가 아니에요. 희귀한 사상을 전파하지 않아요. 농부들에게는 파종에 관한 얘기를 하고 양치기들에게는 양들에 대해 말해요. 각자에게 맞는 얘기를 하지요. 법률가들에게는 어떻게 법과 판결이 내려져야 하는지를 말해요. 당시에도 모든 주제를 다루었듯이 지금 다시 온다 해도 모든 것을 다룰 겁니다.

───── 예수 재림까지 시간이 얼마 남지 않았나요? (브라질
　　　의 윌리엄)

이것이 초기 그리스도교인들의 큰 유혹이었지요. 언제 이런
일이 일어날까요? 바오로는 코린토 신자들에게 보낸 첫 번
째 서간 15장에서, "우리는 모두 죽지 않고, 우리 모두가 변모
될 것입니다. 순식간에 (…) 죽은 사람들이 썩지 않을 것으로
살아나고, 우리도 변모될 것입니다"*라고 말하면서 예수 부
활을 언급했습니다. 예수 스스로도 다시 올 것이라고 말했지
요. "번개가 동편에서 나서 서편까지 번쩍임과 같이 인자의
임함도 그러하리라."** 예수는 재림할 것이고, 당신은 그런
생각을 할 틈조차 없을 거예요. 우리는 모두 변할 겁니다. 바
오로는 테살로니카 신자들에게 보낸 첫 번째 서간에서 "우리
는 주님과 항상 함께할 것입니다"***라는 아름다운 문장으로
끝을 맺었어요. 진정한 위로이자 희망을 전하는 문장이지요.

───── 주님은 아름다운가요? (브라질의 마리아 클라라)

*　　　바오로가 코린토 신자들에게 보낸 첫 번째 서간 15장 51-52절
**　　마태복음 24장 27절
***　　테살로니카 신자들에게 보낸 첫 번째 서간 4장 17절

주님은 매우 아름답지요. 독특한 아름다움을 가지고 있어요. 당신이 주님을 본다면, 주님과 틀림없이 사랑에 빠질 거예요.

───── **2020년 현재 저희가 진정한 예수의 증인이 되기 위해 어떤 조언을 줄 수 있나요? (프랑스의 알렉상드르)**

그리스도교인의 삶으로 증언해야 합니다. 복음을 손에 쥐고 마음에 새겨 살아가야 해요. 폴란드 크라쿠프에서 열린 세계 청년대회에 간 적이 있는데, 여러 나라에서 온 젊은이들 열다섯 명과 점심을 먹었어요. 한 학생이 "대학에 무신론자인 친구들이 있어요. 그 친구들이 예수를 믿게 하려면 무슨 말을 해줘야 할까요?"라고 물었습니다. "당신이 마지막으로 할 일은 무언가를 증언하는 거예요. 복음을 따라 살아가고 그걸 증언해야 하는 거지요. 그러면 친구들이 '왜 그렇게 사는 거야?'라고 물을 거예요. 그러면 증언할 수 있어요. 왜 그렇게 사는지 말해줄 수 있는 거지요"라고 말해주었습니다. '증인', '증언하다'라는 말이 아주 중요해요. 교회는 전도로 성장하는 것이 아니라 증언으로 성장하니까요. 교황 베네딕토 16세도 복음을 가슴에 새기고 손에 쥐고 살아가라고 말했지요.

6장

평화의 씨앗을 뿌리는 사람들

——— 왜 종교로 사람들이 분열될까요? (인도의 스네하)

우리가 악하고 당파적이니까요. 우리는 분열을 좋아해요.
"그 사람들은 그런 사람들이야"라고 말하는 사람들의 의견은
존중해요! 하지만 "그런 사람들이라서 그들과 갈라져야 하고
전쟁을 해야 한다"라고 말하는 사람들이 있어요. 이건 파벌주
의예요. 악이라고 볼 수 있지요.

——— 교황님은 오직 그리스도교인들만 도우시나요? 아니
　　　　면 모두를 돕나요? (인도의 닐라)

어떤 종교인지 알려고 신분증을 요구하지 말고 모두를 도와
야 합니다. 우리는 모두 형제예요. 모두를 도와야 해요.

——— 저는 무슬림이에요. 그리스도교인들이 나를 어떻게
　　　　도울 수 있을지 모르겠어요. (스페인의 아이만 불람)

도울 수 있어요. 좋은 그리스도교인들은 그렇게 합니다! 여기 좋은 그리스도교인을 만난 사람이 있잖아요! 복음 전파가 가져온 큰 힘이지요. 복음이 어떻게 전파되는지 이해가 잘 가지 않겠지만, 마음 깊은 곳에서 무언가 작용한 거예요. 성령이 타인을 걱정하도록 만들고 복음을 나눌 수 있게 하는 거지요. 이렇게 해서 그리스도교인이 아닌 사람을 돕게 되고 그리스도교인들이 자신들을 어떻게 도울 수 있을지 의아해하던 사람들이 복음을 받아들이는 겁니다.

───── **서로 다르고 신념, 종교, 배경도 같지 않은 사람들을 어떻게 받아들일 수 있을까요?** (레바논의 돌리)

신은 사람을 구분하지 않아요. 신은 모두를 있는 그대로 받아들이고 모두와 동행합니다. 잘못된 길로 들어서면 조금씩 선의 길로 나아가고 마음을 바꾸어가도록 도와주지요. 종교와 사회적 지위가 무엇이든, 개인적인 상황이 어떻든 간에 전혀 상관하지 않아요. 하느님은 생활방식, 사회적 조건, 성적 정체성을 이유로 접근을 거부하지 않아요. 하느님은 모두의 아버지이므로 모든 인간을 받아들입니다.

성경을 읽고 해석할 줄 알아야 해요. 하느님은 성적 성향을
넘어 모든 남자와 모든 여자를 사랑합니다. 이따금 언급했듯
이, 어떤 사람을 성적인 성향으로 판단할 수 있는 자격이 내
게 있을까요?

얼마 전 우리는 노숙자들과 로마의 가난한 사람들을 위해
코로나 바이러스 예방접종을 했어요. 치열한 사흘을 보냈지
요. 모두 접종을 아주 잘 마쳤어요. 이어 트랜스젠더들을 태
운 버스 두 대가 도착했어요. 거기 있던 몇 명이 현장을 지휘
하던 추기경에게 이 사실을 알렸습니다. "성전환자들이 오고
있어요." 추기경은 절대 붉은 옷을 입지 않고 늘 바지와 재킷
을 입고 있어요. 추기경은 곧바로 "백신 접종해요!"라고 말했
어요. 그러고는 "한 가지 부탁할 게 있어요. 기분이 언짢지 않
게 남자인지 여자인지는 묻지 말아줘요"라고 덧붙였지요. 누
구나 하느님 집에 자리가 있어요, 누구나. 이런 상황이 올 때
마다 우리 모두를 구원하려던 예수의 의지를 떠올립니다. 그
러면 모두가 형제자매로 보여요. 그거면 돼요. 사람들이 가

진 문제를 표면화하면 난 화가 치밀어요. 우리가 그들을 그런 식으로 잘못 대하면 그들은 그로 인해 고통을 받습니다. 그들을 아주 많이 존중해야 해요. 서로 존중해야 해요.

—— **교회를 더 단결시키려면 저희가 무슨 일을 할 수 있을까요?** (아르헨티나의 그레고리오)

오늘 아침에 루터교 신자들을 만났습니다. 여러분도 봤지요. 여기서 점심을 먹고 있었어요. 여성이 세 명 있었는데, 그중 한 사람은 내가 매우 존경하는 스웨덴 웁살라의 대주교였고, 또 한 명은 라틴 아메리카에서 왔는데 스페인어를 쓰지만 독일 출신인 여성이었지요. 거기 있던 나머지 사람들은 모두 루터교 신자들이었어요. 우리는 교회의 단결을 모색하기 위해 자주 만납니다. 교회는 분열되었고 이 분열이 지속되고 있어요. 단지 교리적으로만 개신교, 정통파 등으로 분열된 것이 아니에요. 가톨릭 신자인 우리 자신도 자주 대수롭지 않은 일로, 보통은 규율 문제로 갈등해요. 미사를 특정한 방식으로 보려는 사람이 있고 그와 다른 방식으로 미사를 올리려는 사람이 있는가 하면 또 다른 사람은 라틴어로 미사를 보려 하지요. 분열은 악마의 무기예요. 분열된 교회는 예수가 원하는 교회는 분명 아니에요. 나는 오늘 아침에 대화를 나누던 루터교 형제자매들에게 "우리는 모두 형제입니다. 우리 스스로 위기에 직면하여 갈등에서 벗어나 통합의 길로 나아가야 해요"라고 말했습니다.

여러분은 내게 "우리 모두 언젠가는 같은 교리를 지지할 수 있을까요? 그게 언제일까요?"라고 묻고 싶겠지요. 나이 든 정통 신학자가 어느 날 내게 "날짜를 알아요"라고 말하길래 "언제죠?"라고 당신이 방금 물은 것처럼 나도 물었어요. 그는 "마지막 심판 다음 날이에요"라고 대답했어요. 그러나 실은 오늘부터라도 기도와 자선으로 단결할 수 있어요. 우리가 선을 행한다면 단결할 수 있고, 훨씬 더 잘 단결할 수 있습니다. 스웨덴의 카리타스^Caritas* 운동을 예로 들 수 있어요. 다양한 교파에 속한 사람들이 자선을 위해, 무엇보다 기도를 위해 그곳에 모이고 있지요.

가능한 한 모두 단결해 나아가야 합니다. 신학자들이 그 길을 만들게 해야 해요. 그 길이 멀다고 기다리면 안 돼요. 오늘 아침에 "우리 스스로 위기에 직면하여 갈등에서 통합의 길로

---

*   사랑, 자선 등을 의미하는 라틴어이다. —옮긴이

나아가야 해요"라고 세 번이나 반복해 말했더니 한 독일인 목사가 내게 "왜 그렇게 위기를 강조하시나요?"라고 물었어요. 그래서 "진정으로 나아간다면 위기에 빠지니까요"라고 답했지요. 위기가 길을 열어주고 갈등을 억제하게 만듭니다. 위기는 쟁기질한 밭처럼 길을 터주고 성령이 스며들게 해요. 성령은 창의력을 발휘하여 교회의 통합을 이룰 거예요. 이미 말했듯이 성령은 시인이니까요. 성령을 통해서만 조화를 이룰 수 있어요. 라틴어에서는 성령을 "Ipse armonia est^{그는 조화입니}다"라고 정의합니다.

——— 줄리안 카론 신부가 그런 설교를 많이 하는 것 같아요. '친교와 해방'*이라는 단체를 아시나요?

——— 나도 거기에 속해 있어요. 그 신부도 위기가 축복이라고 말해요. (헤수스)
당신 생각은 어떤가요? 임신부를 예로 들어보지요. 임신한

*   1950년대에 창설되어 1968년부터 '친교와 해방'이라는 이름으로 활동하는 평신도 교리문답 그룹이다. 2005년부터 2021년까지 줄리안 카론 신부가 회장을 맡았고, 프란치스코 교황은 이 단체의 지도자 교체를 요구했다.

여성은 새로운 생명을 낳을 때까지 아홉 달 동안 몸과 마음이 위기에 빠집니다. 하지만 그 위기는 풍요로 이어지지요.

─── **정말 다양한 종교들이 있어요. 어떻게 하면 단결이 가능할까요? (디아나)**

거듭 말하지만, 단결은 기도와 자선에서 시작합니다. 어떤 교리도 단결을 금하지는 않아요. 누구나 자신이 속한 곳에서 할 수 있는 만큼 믿으면 돼요. 최소한 형제로서 함께 나아가야 합니다. 이것이 하느님이 우리에게 준 첫 번째 선물이에요. 하느님은 우리를 형제로 만들었어요.

─── **그게 가능하다고요? (디아나)**

네, 가능해요. 시어머니가 며느리와 잘 지낼 수 있을까요?(웃음) 가능해요. 그러니까…… 가끔은요.

─── **테러는 왜 일어날까요? (아르메니아의 타기)**

테러 행위는 오늘날 널리 유행하는 전쟁의 한 형태라고 할 수 있습니다. 나는 우리가 다양한 장소와 시기에 발생하는 3차 세계대전을 겪고 있다고 생각해요. 테러 집단은 가장 심각한 전쟁 조직 중 하나인 거지요. 알다시피, 테러 집단 '다에시 Daesh'는 중동 지역에서는 거의 사라졌지만 코카서스와 아프리카에서는 아주 활발하게 활동하고 있어요.

테러리즘은 증오로 생기는 겁니다. 테러리스트들이 뭐라 말하든 결국 테러가 벌어지는 곳은 증오를 남기고 파괴를 일으킵니다.

무장을 위해 엄청나게 많은 돈이 들어가는 세상은 건강하지 못한 세상일 수밖에 없어요. 우리는 군비 경쟁의 포로예요. 테러 행위는 이런 경쟁이 표면화된 거지요. 많은 해를 끼치는 추악한 전쟁인 거예요. 전쟁과 테러로 피폐해진 예멘을 생각해보세요. 그 대가를 누가 치르고 있나요? 학교도 못 가고 먹을 것도 없고 병원에도 갈 수 없는 아이들이에요. 오늘날 국지전쟁의 주된 희생자는 어린이들이에요. 지금 테러가 확산되고 있는 아프리카의 모잠비크의 카부델가두 지역, 나이지리아 북부, 자이르 등도 같은 상황이에요. 테러는 파괴를 불러오고 계속해서 파괴를 일으키지요.

——— 세계 평화를 위해 어떻게 기여하시나요? 질문을 보
       낸 많은 이들이 전쟁, 평화, 그리고 항구적인 평화를

**위해 무엇이 필요한지 교황님의 의견을 듣고 싶어
해요.** (영국의 메르나즈)

내가 가장 자주 이야기하는 주제 중 하나지요. 평화, 평화를
위한 탐구, 평화를 찾거나 평화를 찾도록 돕는 시도가 조금씩
이루어지고 있어요. 그리고 평화의 씨앗을 뿌리는 모든 사람,
평화를 퍼뜨리는 축복받은 사람들, 평화주의자, 평화를 만드
는 사람들을 지원하는 일도 행해지지요. 나는 이런 일들에 기
여합니다.

────── **세상의 광기가 종식될까요? 전쟁과 그 밖의 것들이
언젠가 멈출 수 있을까요?** (프랑스의 셀린)

네. 세상의 광기가 멈출 날이 올 겁니다. (침묵) 지금 세상은 광
적입니다. 죄는 광기예요. 죄는 신에게뿐 아니라 우리 자신
과 모두에게 모욕입니다. 예수가 다시 와서 그 모든 것을 다
시 어깨에 짊어질 때 이 광기는 끝나리라고 믿어요. 하지만
지금과 같은 세상으로 있는 한, 우리는 이 상황에 머물게 될
겁니다. 전쟁과 파괴는 악행입니다. 그건 부인할 수 없어요.

────── **교황님은 안내자 역할을 할 수 있나요? 하느님이 보**

낸 평화의 안내자인 교황으로서 카이사르의 것을 카이사르에게, 하느님의 것을 하느님에게 돌려줄 수 있나요? (크리스티앙)

우리 모두 빛을 조금씩 받았고 이 빛이 우리의 인생을 바꾸고 다른 사람들을 위해 살아가도록 만듭니다. 우리 모두 타인을 위한 안내자가 되어야 해요. 다른 사람에게 손을 내밀지 않는 그리스도교적인 삶은 생각할 수 없습니다. 자주 반복해 말했지만, 증언을 한다는 것은 모범을 보이는 거예요. 나에 대해서만 증언하지 말고 모두에 대해 증언해야 해요. 복음이 아름다운 이유는, 말하자면, 신이 우리 모두를 신의 주머니 안에 넣어주기 때문입니다.

—— 그리스도의 귀환을 준비하는 거라고 할 수 있겠네요. 평화를 위해 일함으로써 다른 사람들을 그 귀환에 대비시키는 거랄까요? (크리스티앙)

—— 오래전부터 크리스티앙은 교황이 세상의 평화를 위해 일할 사명을 띠고 있다고 여겼어요. (피에르)

—— 네, 그래요. 교황님은 하느님의 위대한 영적 안내자, 하느님의 대변자가 될 수 있어요. 그리고 교황님은 각 나라 정부와 일해야 해요. 각 나라 정부도 평화에 기여하고 카이사르의 것은 카이사르에게, 신의 것은 신에게 돌려주어야 하니까요. (크리스티앙)

크리스티앙 말이 옳아요. 그게 바로 신부의 사명이지요. 또한 우리 모두의 사명이기도 합니다.

—— 한 가지 확실한 건 자기 안에 평화가 없는 사람은 밖에서도 평화를 가지지 못할 거란 거지요. (디아나)

바로 그래서 그리스도교의 신앙 고백이 증언이어야 하는 거예요. 자신을 위해 그리스도교인이 되어야 할까요? 아니요. 그렇게 생각하는 사람은 그리스도교인이 아니에요. 그리스도교인의 삶은, 예수가 말했듯이, 타인을 위한 빛이 되는 것이고 그 빛은 감추어지지 않습니다.

—— 오늘날 지구와 자연에서 일어나고 있는 일들이 일종의 대홍수일까요? (시빌)

네! 하지만 이 대홍수는 우리 스스로 일으킨 거예요! 오늘날

목격하는 모든 것은 우리가 자연을 지나치게 훼손해서 일어
난 결과예요.

——— **이 시대는 대홍수와 바벨탑의 시대일까요? 우리는**
     위기 한복판에 있어요! 모두 각자의 언어로만 말하
     다 보니 아무도 알아듣지 못하고 있어요. (디아나)
방금 한 말에 큰 혜안이 담겨 있군요. 오늘날의 세계는 인간
을 이해할 수 있는 공통의 언어로 말할 수 없다는 게 특징이
지요. 언어가 달라서 분열이 생기고 그로 인해 다른 사람들에
대한 판단도 그만큼 달라질 수 있어요. 다양한 언어는 많은
나라에서 행해지는 무기 거래처럼 사람들을 희생시킵니다.
지난 수요일 일반 알현 교리 교육에서 제노바 항구 노동자들
에게 존경을 표했습니다. 그들은 작은 배에 실린 무기를 예멘
으로 가는 대형 화물선으로 운반하는 걸 거부했어요. 그들이
나를 보러 여기에 왔었거든요. 그들은 "우리는 아이들을 죽
이는 데 기여하기를 거부합니다"라고 했습니다. 나는 그들에
게 "모든 사람이 여러분처럼만 한다면 세상이 바뀔 수 있습니
다!"라고 답했지요.
  평화를 위한 국제 회의들은 환영받습니다. 하지만 그 국제

회의에 참여하는 많은 회원국들이 전쟁 무기를 만들어 팔고
있어요.

——— 교황님이 평화에 기여하려고 애를 쓰시지만, 그건
     사실 모든 나라 정부가 해야 할 일인데요……. (혜
     수스)

——— "사랑에 의해 구원을 받는다"라는 말이 무슨 뜻인가
     요? (필리핀의 조니 리)

프랑스 가수 에디트 피아프는 아름다운 사랑 노래 〈사랑이
야〉를 불렀지요. 사랑에 의한 구원은 예수가 우리를 구원하
는 방식입니다. 성경을 보면, 바오로가 "그리스도께서 우리
를 사랑하시고 또 우리를 위하여 당신 자신을 하느님께 바치
는 향기로운 예물과 제물로 내놓으신 것처럼"*이라고 말하지
요. 이 말은 하느님이 우리를 구원하기 위해 하느님의 아들을
보냈다는 것을 의미합니다. 하느님은 구원의 첫 주역입니다.
우리를 구원으로 인도하기 위해 직접 경기장으로 내려오지

_____

*   에페소 신자들에게 보낸 서간 5장 2절

요. 이건 가장 위대한 사랑입니다. 이런 사랑을 받는 건 쉬운 일이 아니에요. 매우 아름다운 사랑인 거죠!

——— 성 베드로의 후계자인 교황님, 제 이름은 유하나 자니예요. 이란의 아주 작은 마을에 살고 있어요. 교황님이 세계, 특히 중동 지역의 평화를 위해 기도해 주실 수 있을까요? (이란의 유하나 자니)

아주 작은 마을에서도 이런 요청을 해주다니 기쁘네요! 그 작은 마을의 주민들은 틀림없이 전쟁을 겪었을 거예요. 이란은 그 지역을 황폐화시키는 전쟁에 가담한 나라들과 국경을 접하고 있으니까요. 그 지역 사람들에게는 평화가 필요하지요. 그래서 그들 중 누가 평화를 요청하면 무척 감동받습니다. 매우 아름답고 매우 고귀한 것을 요구한 거니까요. 고마워요, 유하나! 당신은 고귀한 마음이 있어 이런 요청을 한 거예요. 감히 예수를 대신해 말하겠습니다. "당신은 하느님의 왕국에서 멀리 있지 않습니다."

7장

"우연히 태어나는 사람은 없어요"

—— 우리가 왜 여기 있을까요? (필리핀의 크리스찬)

우리가 왜 이 땅에 있느냐고요? 하느님 마음에 따르자면, 우연히 태어나는 사람은 없어요. 원치 않았으나 우연히 태어난 남자와 여자들, 의도치 않았는데 태어난 아이들이 있지요. 그러나 하느님의 마음으로 보면, 하느님이 우리 모두의 탄생을 허락한 거고 하느님이 우리가 태어나기를 원해 우리가 여기에 있는 겁니다. 더는 할 말이 없군요. (웃음)

—— 요즘 젊은이들이 하는 행동을 어떻게 생각하시나요? (브라질의 레닐다)

젊은 사람들은 우리의 현재이고 미래예요. 어떤 사람들은 '젊은이들'이 무책임하고 악행을 일삼는다고 말할지도 몰라요. 그들은 하고 싶은 대로 거침없이 말한다고도 하겠지요! 하지만 젊은이들은 미래의 씨앗이고 삶의 새로운 자원이에요. 우

"우연히 태어나는 사람은 없어요."

리가 그들을 있는 그대로 받아들이고 그들과 동행하고 무절제를 바로잡도록 언제든 도와줘야 합니다. 그렇게 하지 않으면 미래가 없어요. 젊은이들은 미래를 향해 나아가는 현재인 거예요. 이미 말했듯이, 젊은 사람들이 과거에 확고하게 뿌리 내리도록 해주는 것이 중요합니다. 그러려면 세대 간 대화가 필수적이지요. 조부모는 젊은이들의 뿌리예요. 그러나 젊은이들이 뿌리에 파묻혀 있으면 안 돼요. 새로운 가지와 새로운 열매를 맺어야 합니다.

────── **가톨릭교회의 지도자로서 우울증을 앓고 있는 젊은이들을 어떻게 도우실 수 있나요? 자살이 계속 증가하는데 교황님은 이 상황을 어떻게 바라보시나요?**
(필리핀의 안젤린)

오늘날 젊은이들을 피폐하게 만드는 우울증, 그리고 자살을 들여다보면 확실히 그들 마음속에 환멸과 사회에 대한 배신감이 깊이 자리하고 있어요. 사회가 본의 아니게 그들의 기대를 저버린 것이지요. 사회가 그들에게 주지 못하니까 젊은이들의 열망이 사라지는 겁니다. 내 생각에는 이 모든 걸 가장 잘 보여주는 것이 학교 폭력입니다. 반 전체가 한 학생을 따

돌리고 때리고 괴롭히고 놀리는 것 모두 학교 폭력이지요. 이러한 공격성과 병적 현상은 늘 있었습니다만, 오늘날에는 더욱 특별한 위험성을 띤 것으로 보입니다. 파괴의 본능이 나타나고 있어요. 무의식적으로 자기 안에서 발견하는 이미지를 파괴하기 위해서 우리는 가장 약한 사람이나 가장 어리숙한 사람, 가장 살찐 사람을 공격합니다. 사실 이런 표현은 커피숍에서 나누는 말들처럼 가볍고 실제 상황은 훨씬 더 복잡합니다만, 현 상황을 잘 설명한다고 생각합니다. 최근에 이탈리아 북부에서 온 젊은 부모가 내게 이런 얘기를 했어요. 아침에 나갔다가 저녁에 돌아왔는데 10대 아들이 컴퓨터 화면 앞에서 목을 매단 채 숨져 있었답니다. 알고 보니 그 아들은 친구와 목매다는 게임을 하다가 죽은 거였어요. 이처럼 가난한 젊은이들은 모험을 열망하고 그로 인해 삶의 한계에 대한 감각을 잃곤 하는 탓에 고통받고 있으며 자살률도 매우 높습니다. 학교 폭력의 경우처럼 사회적 공격에 직면하여 좌절하거나 괴로워하기도 하고요. 아주 심각한 문제입니다. 그런데도 자살률은 정확히 알려지지 않지요. 한 가지 확실한 건 세상의 현실 앞에서 젊은이들이 깊은 혼란에 빠져 생긴 일이라는 점입니다.

—— 그 모든 것이 언제 끝날까요? (미국의 도리)

그 모든 게 언제 끝날지는 몰라요. 알 수 없다는 걸 당신도 잘 알겠지요. 끝이 오기를 기다리지 말고 오늘부터 당장 뭔가를 시작해서 해결책을 찾고 그것들이 전부 종식될 수 있게 하는 게 중요합니다. 앞으로 나아가야 해요. 혼란 속에 갇혀 있어서는 안 됩니다.

—— 스트레스를 어떻게 조절할 수 있을까요? 온갖 어려움 속에서도 어떻게 자신의 죄를 용서하고 믿음을 이어갈 수 있을까요? (아이티의 사스키야)

스트레스를 조절하는 방법은 말해줄 수가 없군요. 오직 의사만이 답할 수 있지요! 어떻게 우리 자신을 용서할 수 있느냐고요? 이 질문에는 답할 수 있어요. 용서는 가장 어려운 일 중 하나임이 분명합니다만, 누군가를 용서하는 일은 가장 아름다운 일 중 하나입니다. 나도 한계가 있고 죄를 지어요. 부디 자신을 용서하세요. 다만 '돌체 비타^{달콤한 인생}'를 사는 듯한 지나친 남용은 좋지 않습니다. 어느 정도 자신을 연민하는 건 아주 건강한 거예요. 숱한 어려움 속에서 어떻게 믿음을 이어갈 수 있느냐고요? 우리는 항상 어려움을 겪겠지요. 하지만 믿음이 우리를 앞으로 나아가게 할 겁니다. 삶에 대한 믿음, 예수에 대한 믿음이지요. 믿음 속에서 삶을 살아가는 방법은 여러 가지예요. 인생을 낭비하지 않고 잘 활용해서 어려운 시기에 우리를 떠받치게 만드는 것이 중요합니다.

——— **행복이란 무엇인가요?** (네팔의 아르파나)

(교황이 노래를 부른다.) 행복은 원래의 우리, 우리가 원하는 것, 그리고 우리가 직면한 상황 사이의 조화라고 할 수 있어요. 시련과 어려움을 극복하는 방식 안에서의 조화이기도 하지요. 말하자면, 우리는 가장 어려운 순간에 은밀한 행복을 느낄 수도 있어요. 행복이란 내가 원하는 것, 내가 느끼는 것, 내가 하고 있는 것, 내가 생각하는 것 사이의 조화니까요.

——— **제게 삶을 바꿀 기회가 있을 거라고 생각하시나요?**
(필리핀의 에들린)

그렇게 생각할 뿐만 아니라 그렇게 할 수 있다고 확신합니다! 노력하세요. 그러면 할 수 있다는 걸 알게 될 거예요. 우리 모두 삶을 바꿀 수 있어요. 하느님이 우리에게 은혜를 주는 이유인 거지요. 우리 곁에는 친구들, 형제자매들이 있고 그들은 우리가 도움을 요청하고 노력하기 시작하면 도와줄 것입니다. 인생을 바꿀 기회가 없는 사람은 단 한 명도 없습니다. 우리에게 최소한의 자유만 있다면 분명히 바꿀 수 있어요. 그 자유를 빼앗긴다면 문제는 달라지지요.

─── **어떤 사람들은 중독을 벗어나지 못해 고통받아요……. (디아나)**

그들이 아직 극복하지 못했을 뿐, 가능성은 여전히 있어요! 어떻게 해야 하느냐고요? 아마도 도움을 받고자 하는 의지가 부족할 테지만 우선 도움을 받아야 해요.

─── **그리스도교인에게 경고할 것이 있다면 무엇일까요? (프랑스의 클로틸드)**

짧게 답하자면, "영적 세속성을 조심하라!"입니다. 세속성은 최악의 독이지요. 프랑스 예수회 신학자인 앙리 드 뤼박 추기경은 그의 책 『교회에 관한 명상』* 마지막 세 페이지에서 말하길, 영적 세속성은 오늘날 교회가 직면한 최악의 유혹이며

---

*   파리의 세르프Cerf 출판사에서 1953년에 첫 출간, 2003년에 재출간했다.

심지어는 교황이 정부情夫였던 시대*의 유혹보다 더 위험하다고 했습니다. 중요한 말이에요. 그리스도교인들에게 바로 이 세속성을 경고하고 싶습니다.

——— **세속성이 뭔가요? 부적합한 신에 대한 믿음인가요?**
　　　　(헤수스)

이 세상의 정신이고, 세상의 기준에 따라 사는 삶을 말합니다.

——— **제 아내가 말하길, 교황님이 살고 있는 성녀 마르타의 집에서 모든 세속성을 피하려면 거기에도 라자르 집**이 있어야 한대요. (피에르)**

좋은 생각입니다. 나는 열려 있어요.

——— **교황님이 세상에서 한 가지를 바꿀 수 있다면 무엇**

---

*　　교황 세르지오 3세(재위 904-911)는 테오필락트 백작의 딸 마로치아의 연인 또는 정부였다는 설이 있으며, 교황 요한 10세(재위 914-928)는 테오필락트 백작의 부인 테오도라의 정부였다고 알려져 있다. ─옮긴이

**　2010년에 설립된 라자르 협회를 말한다. 노숙자들과 청년 노동자들을 위한 공동 숙소를 운영하는 단체로, 이 협회와 프란치스코 교황의 대화가 이 책의 출판으로 이어졌다.

여러분에게 말해줄 아주 재미있는 게 떠올랐습니다. '어머니', '엄마'라는 단어입니다. 누구나 엄마가 있으면 좋겠어요! 모든 사람에게 엄마가 있다는 게 어떤 것인지 경험했으면 합니다. 나의 모국에서 '과치토스'라고 부르는, 엄마 없는 아이들과 젊은 사람들을 보면 괴로워요. 낳아준 어머니가 있지만 키우고 돌봐주는 엄마 역할을 하지 않았어요. 이런 고아들 때문에 마음이 많이 아픕니다. 아버지가 없는 사람들도 마찬가지이긴 하지만, 어머니의 상징성이 더 크니까 어머니에 대해 말하는 거예요.

며칠 전, 일곱 자녀를 둔 유럽연합 집행위원장 우르줄라 폰데어라이엔에게 물었습니다. "코로나 팬데믹으로 유럽연합이 직면했던 경제 문제를 어떻게 해결할 수 있었지요? 모든 국가가 지출 예산 계획에는 합의했지만, 지원 방식에 대해서는 이견이 있었잖습니까?" 우르줄라는 나를 보며 손으로 뭔가를 빚는 동작을 했어요(교황이 그 동작을 흉내 낸다). 그러고는 말했지요. "엄마들이 하는 방식대로 했습니다." 그 동작을 보고 무척 많은 것을 깨달았어요! 고아들의 상황이 왜 난 그렇게도 고통스러운지, 부모 없이 어릴 적부터 일하고 병사가 되고 어린 시절을 누리지도 못하는 사람들의 상황이 왜 나를 괴롭히는지를 알았습니다. 내가 바꾸어나가야 할 것들이었던 거지요. 더는 고아가 되는 고통을 겪는 사람이 없도록 해야 합니다.

───── **노숙자들에게 질문을 한다면 무엇을 묻고 싶으신가요?** (피에르)

노숙자의 힘든 삶을 경험한 여러분은 교회에 무엇을 기대하시나요? 여러분 생각에 어떻게 하면 교회가 가장 가난한 사람들의 말을 더 많이 들을 수 있을까요?

때로 굴욕과 포기를 감내해야 했던 여러분, 교회와 사회가 그 경험을 통해 무엇을 알아야 할까요?

문을 열어놓으세요 *

여러분에게 읽어주려고 연설문을 써놓았지만 그걸 읽지 않고 그냥 여기서 있었던 일에 관해 이야기하겠습니다.

아까 이야기하다가 나온, 문에 대한 비유가 생각납니다. 열린 문 또는 닫힌 문에 관련한 경험, 문이 열리지 않으리라는 두려움, 내 앞에서 문이 닫힐 것 같은 공포……. 여러분 중 한 명에게서 들은 이 경험은 우리 자신의 내면을 들여다보면 우리 각자의 경험이기도 합니다. 질문을 하나 해보지요. 문과 나의 관계는 어떤가요?

어떤 사람들은 그 문을 자신의 것으로 생각하고 자물쇠를 채워 문을 닫아버립니다. 어떤 사람들은 문을 두드리는 것조차 겁내요. 환영받을지, 받아들여질지 몰라 두려운 거지요.

---

*   2021년 8월 28일 토요일에 프란치스코 교황이 바오로 6세 알현실에서 라
      자르 협회를 대상으로 한 즉석 연설이다.

문으로 들어가고 싶은데 그게 무서워 창문을 통해 들어가려는 사람들도 있습니다. 더 많은 상황을 상상해보고 자신에게 질문해볼 수 있을 겁니다. 나는 문과 어떤 관계일까?

문은 신입니다. 문과 여러분의 관계는 어떤가요?

혼자서 문을 독차지하고 아무도 안 들여보내고 있지는 않나요? 문을 두드리기가 두려운가요? 아니면 누군가 문을 열어주기를 바라며 노크도 하지 않고 기다리고 있나요? 우리 각자는 이렇게 문인 하느님과 다양한·태도를 취하고 있어요.

때로는 인생에서 문을 두드리는 겸손함을 가져야 합니다. 문을 열어줄 사람을 두려워하지 않는 용기도 때론 필요해요. 문은 하느님이니까요.

일단 문으로 들어가면 문을 닫지 말고 열어놓아 뒤에 오는 사람들이 들어올 수 있도록 기품 있는 배려를 해야 합니다. 이것이 라자르 협회가 하는 일이지요. 문을 열어놓는 일. 그래서 오늘 여러분에게 감사하고 싶어요. 여러분은 문을 지키는 '문지기'는 아니니까 문지기로서의 증언에 감사한다는 게 아니에요. 여러분 각자에게 어느 날 문이 열린 적이 있고 사람들에게 문을 열어줄 필요를 느낀 사람으로서 증언해주었기에 감사드리고 싶다는 것입니다.

문은 우리에게 열린 하느님이고 우리의 마음이기도 합니다. 신은 열려 있고 잘 보호받고 있어요. 하지만 그런 생각을 하는 것조차도 큰일이지요. 여러분은 그런 생각을 할 줄 압니다. 증언해준 여러분 모두에게 감사드립니다. 이렇게 계속하길 바라요!

라자르 협회는 매우 작고 사람도 장소도 적은 데다 많은 요구에 직면해 있습니다. 어느 날 예수가 누룩이 아주 작아도 가루를 전부 부풀게 할 수 있고 작디작은 씨앗도 큰 나무로 자랄 수 있다고 말했지요. 라자르에게 일어날 만한 최악의 상황은 자신이 매우 작다는 사실을 잊는 것입니다. 라자르가 마음 안에 힘, 자아도취, 자만심을 품고 성장한다면 나무는 자라지 않고 반죽은 부풀어 오르지 않을 겁니다.

여러분이 지닌 부는 은행에 있지 않습니다. 여러분의 부는 작아야 합니다. 그렇게 계속 나아가야 해요!

그리고 교회를 위해 기도하고, 성스러운 어머니 마리아 교회가 배울 수 있도록, 즉 우리 성직자들이 아주 소심하게 문을 두드리는 사람들에게도 항상 문을 열어주고 그들의 말에 귀 기울이는 것을 배우도록 해달라고 기도하세요.

감사합니다.

옮 긴 이
성 미 경

연세대학교 불어불문학과와 한국외국어대학교 통역대학원 한불과를 졸업했다. 졸업 후 프랑스계 회사, 국회 도서관에서 근무했으며 프랑스의 좋은 책을 우리나라에 소개하는 일을 하고 있다. 『사자와 세 마리 물소』, 『열쇠』, 『그게 바로 화난 거야!』 등 어린이 책을 번역했고, 현재는 프랑스 대사관 원자력 뉴스 등 다양한 번역을 하고 있다.

가난한 자의 교황, 세상을 향한 교황

1판 1쇄 펴낸날 2023년 4월 6일

엮은이 | 시빌 드 말레, 피에르 뒤리외, 로이크 루이제토
옮긴이 | 성미경

교정교열 | 심재경
경영지원 | 진달래

펴낸이 | 박경란
펴낸곳 | 심플라이프
등 록 | 제406-251002011000219호(2011년 8월 8일)
주 소 | 경기도 파주시 광인사길 88 3층 302호(문발동)
전 화 | 031-941-3887, 3880
팩 스 | 031-941-3667
이메일 | simplebooks@daum.net
블로그 | http://blog.naver.com/simplebooks

ISBN 979-11-86757-91-8 03230